AI와 듣고 말하다 · 기본 영어 완성

이것이 영어다

This is English

감수 Brian Morikuni
저자 Sangnam Suh

온북스
ONBOOKS

이것이 영어다

개정판 1쇄 발행 2024년 2월 26일

저자 | Sangnam Suh
감수 | Brian Morikuni
발행인 | 김경옥
기획 | 한만주
표지디자인 | 류요한
내지편집 | 이광열
펴낸곳 | 도서출판 온북스

등록번호 | 제 312-2003-000042호
등록일 | 2003년 8월 14일
주소 | 서울시 은평구 은평로 194-6, 502호
전화 | 02-2263-0360

ISBN 979-11-92131-26-9 53740

잘못 만들어진 책은 교환해 드립니다.
이 출판물은 저작권법에 의하여 보호받는 저작물이므로
무단 전재와 무단 복제를 할 수 없습니다.

Copyright © 2024 by SUH, SANGNAM / All rights reserved.
No part of this publication may be reproduced or distributed in any form or
by any means without the prior written permission of the ONBOOKS.

Preface

나도 영어를 잘하고 싶다.

그렇다면 무조건 열심히 하지 마라.
보통의 선배들은 그렇게 해서 다 실패했다.
그리스신화에서 시시퍼스(Sisyphus)는
지옥에 떨어져서 형벌을 받는다.
그가 자신의 몸집보다 훨씬
큰 돌을 쉴사이 없이
산마루까지 밀어
올리면

그 큰 바위는 아래로
떨어져서 또 다시 정상까지
밀어 올리는 일을 되풀이 한다.
보통의 우리들도 영어를 잘 하려고
그저 열심히 하지만 노력의 결과도 없다.
제대로 하는 방법을 몰라서 그렇다.

Contents

· 이 책 이래서 좋다
· 이 책을 시작하는 나의 다짐

이것은 알아야 한다	11
이것은 익혀야 한다	95
이것이 영어다	201
이것은 따로 익혀야 한다	233

시대가 변하다

책세상, 웹세상, 앱세상, Ai세상,
세상이 변하듯
외국어 학습 방식 또한 달라져야 한다.

그런데
100% 한국말로 영어 수업을 진행하면,
도대체 우리가 익히는 것은
한국어입니까? 영어입니까?

Don't waste your time
on studying fake English books.
I recommend "*This is English*".

from Harvard University

안정록

이 책
이래서 좋다

1. 제대로 기본이 있게 된다.

기본이 없다면 실력은 없을 것이다.
기본은 쉽다고 흔히 말한다.
하지만 말로 기본을 다질 수는 없다.
그래서 이 책이 나왔다.

2. 영어 습득력이 짧은 시간에 생긴다.

영어가 모국어가 아닌 우리는
영어가 모국어인 환경보다 더 짧은 시간에
모국어 습득의 스펀지가 필요하다.
그래서 이 책이 나왔다.

3. 스스로 깨닫는 실력을 갖게 해준다.

누구나 가고자 하는 곳이 있다면
그곳에 그저 도달하는 것은 아니다.
스스로 깨닫는 실력 또한 마찬가지다.
그래서 이 책이 나왔다.

기본과 집중력을 키우자!

어떤 것을 하더라도
기본이
상위권과 하위권을 가른다.
또한
집중력의 차이가
상위권과 최상위권을 가른다.

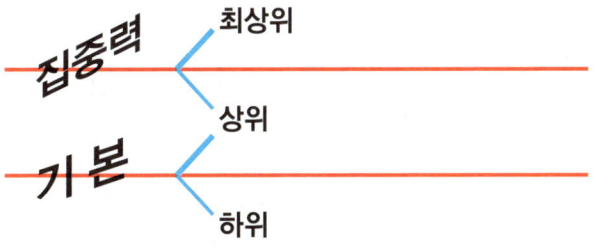

최상위권 실력을 원하는가?
그렇다면
기본을 다지고 집중력을 키워라.

基本이 없다면 實力은 없을 것이다.

공부는 왜 할까?

자신에게
직업 선택의 폭을
넓힐 수 있기 때문이다.

외국어를 익히는 것도

직업 선택의

폭을 넓혀준다.

세상은 넓고
　　할일은 많다.

이 책을
시작하는 나의 다짐

영어가 모국어 입니까?

엄마의 환경에서
태어나
3년 정도 경험한
그 언어가 모국어가 된다.

모국어가 아닌 경우는
인위적인 환경에서
먼저
경험할 것이 있다.

이것을 제대로 알기 위해

이것은 알아야 한다!

이것은 알아야 한다

A1 인류는
자신의 생각을
몸짓과 소리로 표현하다
그림을 그렸고
그림에서 글이 나왔다.

A2 인류는
자신의 생각을 전할 때
단어를 이용해 왔다.

단어(單語)는 홀로 쓸 수 있는 낱말이다.
(單)은 '**홀 단**', (語)는 '**말씀 어**'이다.
영어도 word는 〈단어/
　　　　　　　　말/
　　　　　　　　말씀〉 뜻이 있다.

기억 그들이 누구든
그들이 쓰는 단어에는
⟨**명사**⟩와 ⟨**동사**⟩가 있었다.

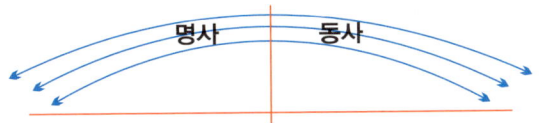

Q1 명사는 뭐죠? *What is a noun?*

눈뜨면 보이는 것이 명사이다.

A1 최초의 인간 아담이 생물을 보고 부르니
이름이 되었다. (창세기 2장 19절)
그 이름이 noun(명사)이다.

　　bird (새),
　　　tree (나무),
　　　　wall (벽),
　　　ceiling (천장),
　　window (창문)

다시 말해서, 명사는 사물을 뜻한다.

A2 명사(名詞)에서
　(名)은 '이름 명'이고,
　　(詞)는 '말씀 사'이다.

Q2 동사는 뭐죠? What is a verb?

동사는 움직이는 것을 나타낸다.
Verb means an action.

A1 '가다(go),
마시다(drink),
먹다(eat)는 (동사)이다.
다시 말해서 동사는 동작을 표현한다.

A2 동사(動詞)에서
(動)은 '움직일 동'이고,
(詞)는 '말씀 사'이다.
✓ 영어로는 **동사를 verb**라 한다.
흔히 영어수업에서 동사를 Ⓥ 라고
표시하는 까닭이 여기에 있다.

Q3 대명사는 뭐죠? What is a pronoun?

명사를 대신하는 것이 대명사이다.

대명사(代名詞)에서 대(代)는 '대신할 대'이다.

같은 말을 반복하면 대체로 지루할 수 있다.
특히 영어는 명사가 반복되면
대신 대명사를 사용한다.
대명사는 영어로 pronoun이다.
pro(대신하는) + noun(명사) 뜻이다.

지시대명사를 알자

지시대명사는 손가락으로 가리키듯 지시하는 대명사이다. this, that, it은 대표적인 지시대명사이다.

A1 this는 〈시간, 공간, 심리〉적으로 가까이 있는 것을 가리킨다.
this는 〈이것, 이 사람〉 뜻이고, 복수형은 these이다.

A2 that은 〈시간, 공간, 심리〉적으로 떨어져 있는 것을 가리킨다.
that은 〈저것, 저 사람〉 뜻이고, 복수형은 those 이다.

A3 it은 앞에 나온 특정한 명사를 가리킨다. 다시 말해 〈the + 명사〉를 대신한다. it은 〈그것〉 뜻이고, 복수형은 they이다.

인칭대명사를 알자
Let's know the personal pronouns.

A1 자신의 이름을 대신하는 I(나),
상대의 이름을 대신하는 you(너),
나도 너도 아닌 남자의 이름을 대신하는 he(그),
여자의 이름을 대신하는 she(그녀),

다시 말해, I(나), you(너), he(그), she(그녀)를
인칭대명사라 한다. ,

A2 I (나)는 1인칭.
you(너)는 2인칭,
나도 너도 아닌 그 밖에 것이 3인칭이다.
따라서 he(그), she(그녀)는 3인칭이고,
남자도 여자도 아닌 it(그것)도 3인칭이다.

A3 I (나)가 포함된
we(우리들)은 1인칭 복수형이고,

you(너)가 포함된
you(너희들)은 2인칭 복수형이다.
you는 단수와 복수형이 같다.

they는 3인칭 복수형으로 '그들' 뜻이다.
따라서 they에는 나도 너도 없다.

17

Q4 be동사는 뭐죠?

동사는 움직이는 것을 나타낸다.
그런데 움직이지 않는 동사도 있다.
be동사이다.

A1 be동사는 A와 B가 있을 때, A와 B를 연결한다.
주어 A가 I(나)이고 현재일 때,
be동사는 am이다.
주어 A가 2인칭 you(너)이고 현재일 때,
be동사는 are이다.
주어 A가 3인칭 단수이고 현재일 때,
be동사는 is이다.

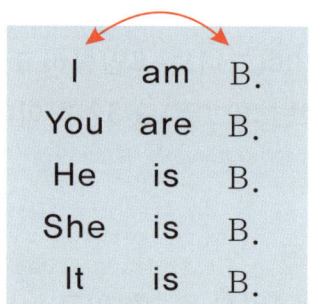

A2 주어가 we(우리들), you(너희들), they(그들)처럼 복수형이고 현재일 때는 are를 쓴다.
특히 2인칭 you는 단수와 복수형이 같다.
따라서 are를 쓴다.

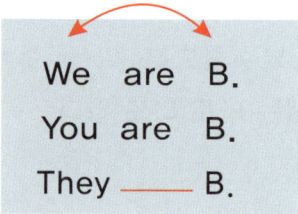

A3 주어가 I(나)이고 과거일 때,
be동사는 was이다.
주어가 2인칭 you(너)이고 과거일 때,
be동사는 were [워]이다.
주어가 3인칭 단수이고 과거일 때,
be동사는 was이다.

```
I    was   B.
You  ____  B.
He   was   B.
She  was   B.
```

A4 주어가 we(우리들), you(너희들), they (그들)처럼 복수형이고 과거일 때는 were [워]를 쓴다.

```
We   were  B.
You  were  B.
They ____  B.
```

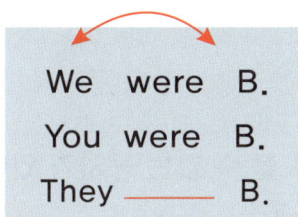 be는 뭐고? be동사는 뭘까?

✓ be는? 뜻만 있다.
　어떤 존재나 상태 /이다

✓ be동사는? 뜻도 있고, 시점도 나타낸다.
　am / are / is는 현재 /...이다,
　was / were는 과거 /...이었다

Q5 일반동사는 뭐죠?
What is a common verb?

A1 영어 동사는 둘 중 하나이다.
〈be동사〉 아니면 〈일반동사〉이다.

따라서 〈be동사〉가 아니면
　　　　다 〈일반동사〉이다.
특히 일반동사라 부르는 것은
일반적으로 쓰는 동사라서 그런 것이다.

A2 일반동사는

한순간에 동작을 나타내는 〈동작동사〉가 있다.

　　go (가다)
　　　drink (마시다)
　　eat (먹다)
　　　push (밀다)

A3 또한 우리가 마음대로 할 수 없는 동사가 있다.

상태를 나타내는 〈상태동사〉이다.

　　have (소유하다)
　　　resemble (닮다)
　　wear (몸에 지니고 있다)

　　　forget (잊다)
　　　　believe (믿다)
　　　become (…이 되다)

[생활에서 자주 쓰는 일반동사]

① drive : 운전하다 → (어떤 상태로) 몰고가다
② grow   : 커지다 → 성장하다, 재배하다, 증가하다
③ speak : 말을 말하다→ 말할 수 있다, 연설을 하다
④ rise   : 오르다 → 뜨다, 상승하다, 출세하다

① mean : 의미하다 → 의도하다, 뜻하다, 중요성을 가지다
② lend : 빌려주다 → 대출하다
③ lose : 잃다 → 손해를 입다, 줄이다. 게임 등에서 지다
④ play : 어떤 역할을 하다 → 놀다, 연주하다, 연기하다

① tell : 말하다 → 이야기하다
② turn : 방향을 바꾸다 → 회전시키다
③ try   : 시도하다 → 실제로 해 보다, 시험하다
④ work : 일하다 → 기계 등이 움직이다, 잘 작동되다

21

Q6 동사원형은 뭐죠?
What is the root verb?

A1 한국어 동사 '먹었다'에서 '었'은 과거를 나타내는 **〈시간적 의미〉**이다.
'었'이 빠진 '먹다'는 공간에서 행위를 나타내는 **〈공간적 의미〉**이다.

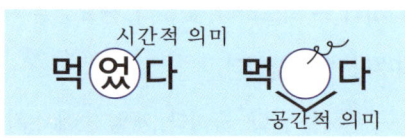

A2 동사로 표현할 때,
〈시간적의미〉는 빠지고
〈공간적의미〉만 드러내는 것이 (동사원형)이다.

동사원형은 시점을 나타내지 않는다.

be동사도 동사원형은 be이다.
　　그러나
동사원형 be는 시점을 나타내지 않는다.

22 ・이것은 알아야 한다

A3 어떤 언어라도

(동사원형)은 언제를 말하지 않는다.

(동사원형)은 동사의 뿌리이다.

기억

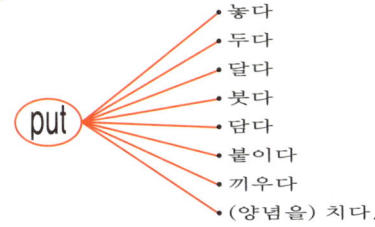

언뜻 보면 put에 대한 한국어 뜻이 많으니

put이 여러 뜻을 가진 것 같다.

그러나 그렇지 않다.

한국어 뜻이 많은 것은 한국어는 상황에 따라

여러 표현이 나오기 때문이다.

따라서 한국어 동사를 영어로 표현할 때

1:1 대응이 아닌

영어 동사가 가진 (하나의 공통된 이미지)

즉 (동사의 원형 이미지)를 아는 것이 좋다.

예로 보인, put 동사의 원형 이미지는

접촉면에 상관없이 '놓다, 두다'이다.

The root verb is a verb without any tense.

동사변화를 알자!

A1 모든 것은 시작이 있다.
모든 동사도 시작이 있다.
그것이 동사원형이다.

영어 동사가
〈동사원형 - 과거형 - 과거분사형〉으로
변하는 것을 〈동사변화〉라고 한다.

동사원형을 이용하여
〈현재/ 과거/ 미래〉로 표현하는 것을
시제(tense)라 한다.

A2 세상의 언어를 배울 때,
그 언어의 문장동사에서
(동사원형)을 볼 수 있다면
언어감각이 뛰어나다고 할 수 있다.

어떤 언어든지 동사변화는 **(동사원형)**에서 출발한다.

영어 동사 변화는
규칙적인 변화와
불규칙적인 변화가 있다.

Regular verb types
A1 규칙 동사는
(동사원형)에 -d나 -ed를 붙여 과거와 과거분사로 쓴다.

원형	과거	과거분사
01 like (좋아하다)	− liked	− liked
02 visit (방문하다)	− visited	− visited
03 invite (초대하다)	− invited	− invited

Irregular verb types
A2 불규칙 동사는
동사원형에서 과거와 과거분사로 불규칙하게 변한다.

원형	과거	과거분사
01 be (존재이다)	− was, were	− been
02 know (알다)	− knew	− known
03 have (소유하다)	− had	had
04 say (말하다)	− said	said
05 run (뛰다)	− ran	run
06 come (오다)	− came	come
07 cut (자르다)	− cut	cut
08 hit (치다)	− hit	hit

그 옛날

불규칙동사를 쓰다가 규칙동사가 나왔다.
규칙이 생겼으나 이미 생활에서 굳어진
불규칙동사는 그대로 쓰였다.

Q7 〈주어〉와 〈동사〉는 뭐지요?

문자가 없던 시대의 사람들은
"해가 뜬다, 바람이 분다." 이런
말을 어떻게 했을까?

후와 우다

마바 시다

A1 그들이 표현을 어떻게 했든, 그들의 말에 (명사)와 (동사)가 들어 있었다.

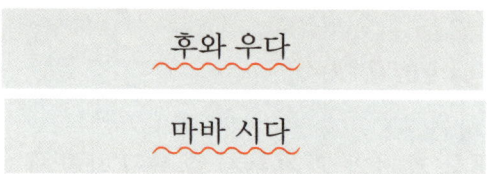

"물이 | 흐른다.
나무가 | 움직인다.
새들이 | 날고 있다."

이런 표현들은 다 문장이다.
(명사)와 (동사)가 있기 때문이다.
(명사)와 (동사)가 있으면 문장이다.

(명사)와 (동사)는
지금도 우리들 누구나 다 쓰는
가장 간단한 1형식 문장을 만든다.

A2 영어에서는 특히 1형식 문장하면 〈주어〉와 〈동사〉를 이야기 한다. 〈주어〉는 동사 앞의 자리를 말한다.

한국어는 (명사)에 〈은/는/이/가〉라는 조사가 붙으면 〈주어〉라고 인식한다.

> **기억**
> 문장은 영어로 Sentence이다.
> 문장에는
> 〈주어자리〉와 〈동사자리〉가 하나만 있다.

A3 주어는 영어로 subject이다. subject는 행위의 주인으로 〈주어, 주체〉 뜻이다. 흔히 s라고 표시한다.

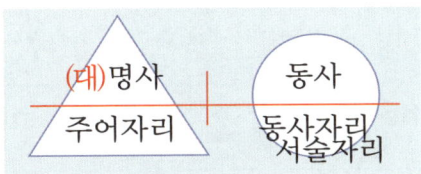

A4 문장의 동사는 서술을 한다. 서술은 설명이다.

따라서 문장의 〈동사자리〉나 문장의 〈서술자리〉는 같은 뜻이다.

인칭대명사의 격변화를 알자.

A1 인칭대명사는 〈주격 – 소유격 – 목적격〉으로 격변화를 한다. 모양도 변한다.

A2 *격은 주어진 역할을 하는 자격이다.
한국어는 조사를 붙여 격변화를 구별한다.
영어는 자리로 구분한다.

※인칭대명사의 격변화

인칭	격 수	주격 은/는/이/가	소유격 ..의	목적격 ..을(를)/..에게	소유대명사 ..의 것	재귀대명사 ..자신/ 직접
1	단수	I 나는	my 나의	me 나를	mine 나의 것	myself 나 자신
1	복수	we 우리는	our 우리들의	us 우리들을	ours 우리들의 것	ourselves 우리들 자신
2	단수	you 너는	your 너의	you 너를	yours 너의 것	yourself 너 자신
2	복수	you 너희들은	your 너희들의	you 너희들을	yours 너희들의 것	yourselves 너희들 자신
3 단수 남성		he 그는	his 그의	him 그를	his 그의 것	himself 그 자신
3 단수 여성		she 그녀는	her 그녀의	her 그녀를	hers 그녀의 것	herself 그녀 자신
3 단수 중성		it 그것은	its 그것의	it 그것을	(not used)	itself 그 자체
3	복수	they 그들은	their 그들의	them 그들을	theirs 그들의 것	themselves 그들 자신

✓ *cf.* it의 소유격은 its이다.
it's는 소유격이 아니고 it is를 축약한 것이다.

A3 〈주격〉은 주어자리에 쓰이는데,
영어는 문장의 (동사) 앞이다.
한국어는 명사에 〈은/는/이/가〉라는 조사를 붙인다.

주격	동사
주어자리	서술자리

A4 〈소유격〉은 누구의 소유를 나타낸다.
소유격 뒤에는 반드시 명사가 온다.
한국어는 〈~의〉라는 조사를 쓴다.

my book
your friends
his school

A5 〈목적격〉은 목적어 자리에 쓰인다.
영어는 문장의 동사가 〈무엇을〉 요구한다.
한국어는 명사에 〈을/를〉이라는 조사를 쓴다.

주격	동사	목적격
주어자리	서술자리	목적어자리

I love you.
You love me.

A6 〈소유대명사〉는

'소유격+명사' 뜻을 한번에 나타낸다.

- This is my book.
  = This book is mine. 이 책은 나의 것이다.

- This is your book.
  = This book is _____. 이 책은 너의 것이다.

A7 〈재귀대명사〉는 언제 쓸까?

주어도 목적어도 같은 사람이야?
그렇다면
목적어 자리에 재귀대명사를 써야
한다. 재귀는 再(거듭 재), 歸(돌아올 귀)로,
'다시 돌아온다'는 뜻이다.

나는 나를 사랑한다.
나는 나 자신을 사랑한다.

이 뜻의 영어는 한 문장 뿐이다.

- I love _____.

grammar

이 단어는 그림을 뜻하는
그리스어 gramma에서 온 것이다.
gram에는 그리다, 쓰다 뜻을 가지고 있다.
gram에 명사형 접미사 ar이 붙은
grammar는
쓰는 법을 배우는 것에서 '문법'이다.

문법은 어린아이가 배우는 것이 아니다.
문법은 모국어로 말을 할 수 있고나서
글을 쓰기 위해 배우는 것이다.
그것이 품사의 이해이다.

자신의 모국어가 아닌 말을 배우는 경우는
먼저 품사를 이해하자.

품사의 이해

품사란?

단어를 공통된 성질에 따라 분류한 것이다.
품사(品詞)에서
품은 '물건 품'이고,
詞는 '말씀 사'이다.
물건을 분류하듯, 단어를 분류한 것이다.
영어는 8품사가 있다.

**영어가 모국어가 아니라면
8품사를 다 알자.
영어를 익히는 속도가 빨라진다.**

알파벳?

그리스어의 첫 글자 Alpha와
두 번째 beta를 합하여 부르는 말이 **알파벳**이다.
영어 Alphabet은 A부터 Z까지 있다.

여기서 단어가 나온다.
어떻게?
자음과 모음을 결합하는 것이다.

자음 (Consonants)
 B/ C/ D/ F/ G/ H/ J/ K/ L/ M/ N/ P/ Q/ R/ S/ T/ V/ W/ X/ Y/ Z
 모음(Vowels)
  A a / E e / I i / O o / U u

친구가 있습니까?

예!
친구 이름이?
몰라요.
몰라요도 친구는 친구입니다.
그러나 이름도 모르니
친한 친구가 되기는 힘들 것입니다.

영어를 배울 때도
기본적인 문법 용어나 어법
그런거 몰라도 영어할 수도 있습니다.
그러나
영어가 모국어(mother tongue)가 아니라면
쉽게 지치고 빠르게 포기하게 됩니다.

문법 하지 마라는 것은
문법을 위한 문법입니다.
언어적 상상력을 차단하기 때문입니다.

Q1 명사는 어디에 쓰이고?

Q2 대명사는 어디에 쓰이나요?

/명사/ 나 /대명사/ 는
1. 문장의 주어 --(은, 는, 이, 가) 자리에 사용한다.

2. 문장의 목적어 --(을, 를) 자리에 사용한다.

Q3 동사는 어디에 쓰이나요?

/동사/ 는
문장의 서술자리에 사용한다.

기억
명사/ 대명사/ 동사는
　　문장의 자리에 쓰인다.

> 기억하라!

영어는 명사에 수 개념을 나타낸다.

셀 수 있는 명사와
　셀 수 없는 명사가 있기 때문이다.

셀 수 있는 명사
Countable nouns

A1 일정한 모양이 있고 볼수 있다면
　　보통 **셀 수 있는 명사**로 취급한다.

이때 명사가 한 개이면,
하나를 뜻하는 a /an이 명사 앞에 온다.
단수를 나타낸 것이다.

> 기억

- a tree (나무)
- an umbrella (우산)

a는 자음 발음 앞에서 쓰고,
an은 모음 발음 [a/ e/ i/ o/ u] 앞에서 쓴다.

↘ 명사에 붙는 관사

A2 a/an, the를 관사라 한다. 관(冠)은 머리에 쓰는 것이다. 관이 머리와 함께하듯 영어 명사도 관사(冠詞)와 함께 한다.

a/an은 여러 명사 중에 하나를 나타낸다.
the는 콕 찍어 바로 '그것, 그'를 특정한다.

- the umbrella (그 우산)

35

Let's know the plural of nouns.

[명사의 복수형을 알자]

발음의 편리성을 생각하며

A1 명사의 복수형 만드는 규칙이 있다.

① **대부분 명사는 단어 끝에 −s를 붙인다.**
 a baseball (야구공) → two baseballs
 a nurse (간호사) → two nurses

② **자음+y로 끝나면 y를 i로 쓰고 −es를 붙인다.**
 a lady (숙녀) → two ladies
 a study (연구) → three studies

③ **s, sh, ch, x, o로 끝나는
  명사 뒤에는 −es를 붙인다.**
 a glass (유리잔) → two glasses
 a bush (관목) → two bushes
 a bench (긴 의자) → two benches
 a fox (여우) → two foxes
 a potato (감자) → two potatoes

④ **f나 fe로 끝나는 명사는
  f나 fe를 v로 고치고 −es를 붙인다.**
 the wolf (늑대) → the wolves
 the leaf (잎) → the leaves
 the knife (칼) → the knives

A2 불규칙적으로 변하는 명사의 복수형이 있다.

① 단어의 모음이 변한 것들이 있다.
 a man (남자) → three men,
 a woman (여자) → three women[위민],
 a tooth (이빨) → three teeth,
 a goose (거위) → two geese
 cf. a mouse (쥐) → two mice

② 단어 끝에 첨가된 것이 있다.
 a child (어린이) → seven children
 an ox (황소) → seven oxen

③ 단수와 복수가 같은 것들이 있다.
 a fish (물고기) → many fish,
 a sheep (양) → many sheep,
 a species (한 종(種)) → many species

  그 옛날
처음에는 불규칙하게 쓰다가
나중에 명사의 복수형 규칙이 생겼다.
규칙이 생겼으나
지금도 불규칙으로 기억하는 것이 있다.
이미 그 쓰임에 익숙했거나
발음의 편리성 때문이다.

 a roof (지붕) → roofs
a safe (금고) → safes
  a piano (피아노) → pianos
  a photo (사진) → photos

묻고, 답할 때,

묻는 문장은 의문문 이고

물음에 답이 긍정이면 긍정문 이고

물음에 답이 부정이면 부정문 이다.

문장을 대문자로 시작하는 이유

영어 문장의 첫글자는 반드시 대문자(Capital Letter)를 쓴다.

이유는?
문장의 시작을 알려주기 위한 것이다.
또한 문장 끝에는 평서문이면 **마침표(.)**,
의문문이면 **물음표(?)**,
감탄문이면 **느낌표(!)** 가 반드시 있어야 한다.

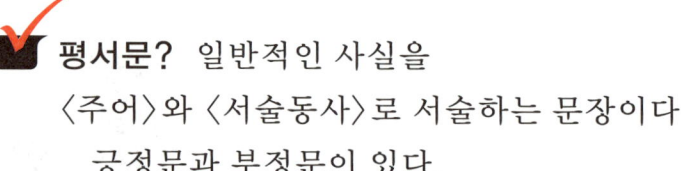 **평서문?** 일반적인 사실을
〈주어〉와 〈서술동사〉로 서술하는 문장이다.
긍정문과 부정문이 있다.

영어 문장의 첫걸음은
A와 B를 be동사로 연결하는 것이다.

A1 A와 B를 be동사로 연결하면 **긍정**이다.

A2 be동사 뒤에 not을 쓰면 **부정**이다.

A3 be동사를 주어 앞으로 쓰면 **의문**이 된다.

현재형
be동사의 긍정/ 부정/ 의문

인칭	수	격	주격	현재 긍/정 (A는 B이다.)	현재 부/정 (A는 B가 아니다.)	현재 의/문 (A는 B이냐?)
1	단수		I	I am B.	I am not B	☐ I B?
1	복수		We	We are B.	We are ☐ B.	☐ we B?
2	단수		You	You are B.	You are ☐ B	☐ you B?
2	복수		You	You are B.	You are ☐ B.	☐ you B?
3	단수	남성	He	He is B.	He is ☐ B	☐ he B?
3	단수	여성	She	She is B.	She ☐ not B.	☐ she B?
3	단수	중성	It	It is B.	It is ☐ B	☐ it B?
3	복수		They	They are B.	They ☐ not B.	☐ they B?

이것은 알아야 한다.

기초 영어 새/기/세/기

it을 알자!

it은 **두 가지** 쓰임이 있다.

A1 뜻이 있는 it으로 쓰인다.

✓ it이 지시〈대명사〉로 쓰일 때이다.
- Is it your book? 그게 너의 책이니?
  Yes, it is mine. 응, 그것은 내꺼야.

A2 뜻이 없는 it으로 쓰인다.

✓ 비인칭 주어 it으로 쓰일 때이다.
- Wow! It is monday. 와우! 월요일이다.

날씨, 시간, 온도, 거리, 요일 등과 같은,
자연상태를 나타낼 때,
또한 주어가 없는 애매한 상황일 때,
주어로 it을 사용한다.

이때 it은 뜻이 없다.
비인칭 주어일 뿐이다.

I am B. B에 다른 단어도 넣어 말하자.

A1 1. 나는 물고기 입니다.
→ ☐ am a ☐ .

2. 나는 ☐ 가 아닙니다.
→ I am ☐ a fish.

3. 내가 ☐ 입니까?
→ ☐ I ☐ ?

We are B.

A2 1. 우리는 친구 이다.
→ _____ friends.

2. 우리는 ☐ 가 아니다.
→ _____

3. 우리가 ☐ 이냐?
→ _____

It is B.

A3 1. 제 차례입니다.
→ ☐ is my turn.

2. 제 차례가 아닙니다.
→ _____

3. 제 차례입니까?
→ _____

Countable Noun
보통명사
집합명사

셀 수 있는 명사는 단수와 복수로 구분한다.

Common nouns

A1 보통명사는 일정한 모양이 있어 볼수 있다. 따라서 (단수)와 (복수)로 구분할 수 있다.

a tree (나무), trees (나무들),
an umbrella (우산), umbrellas (우산들)

A2 그런데 모양이 없어도 일정한 단위를 나타내는 시간 hour, 하루 day, 중량 단위인 pound, gram, 거리단위 mile 등은 보통명사에 속한다.

Collective nouns

A3 집합명사 는 구성원체를 하나의 집합체로 보는 것이다. (단수)와 (복수)로 나타낸다. a family (한 가족), two families (두 가문), a class (한 학급), two classes (두 학급)처럼

A4 그런데 단어의 생김새는 단수 형태인데 의미는 복수라서 항상 복수 취급하는 집합명사가 있다. 기억하자.

- 1. several **people** 몇몇의 사람들
- 2. several cattle 몇몇의 소들
- 3. several police 몇몇의 경찰들

Uncountable Noun
고유명사
추상명사
물질명사

셀 수 없는 명사는 단수와 복수로 구분하지 않는다.

Material nouns
A1 물질명사는 일정한 모양과 크기가 없다.
그러나 물질의 성질이 변하지 않는다.
water, paper, money, air 처럼

Abstract nouns
A2 추상명사는 뚜렷한 모양이 없다.
그러나 뜻으로는 나타낼 수 있다.
love, peace, art, life 처럼

Proper nouns
A3 고유명사는 사람의 이름이나 지명 등과 같이
세상에 오직 자신만을 나타내는 것이다.
고유명사는 첫 글자가 항상 대문자이다.
세상에 고유하다고 독특하게 표현하는 것이다.
Brian, Seoul, Utah 처럼

✓ 이건 이렇게 알자!

셀 수 없는 명사에 부정관사가 있다면,
그렇지 이건 (보통명사)로 쓰였구나!
따라서 구체적인 것을 드러낸다.
- fire (불) → a fire (화재)
  - room (공간) → a room (방)
    - Newton (뉴턴) → a Newton (뉴턴같은 사람)

A1 주어가 단수일 때,

be동사의 과거는 was이다.

단 you는 were [워]를 쓴다.

you는 단수와 복수가 같기 때문이다.

A2 주어가 복수일 때,

be동사의 과거는 were [워]이다.

과거형
be동사의 긍정/ 부정/ 의문

인칭	수	격	주격	과거 긍/정 A는 B였다.	과거 부/정 A는 B가 아니었다.	과거 의/문 A는 B였냐?
1	단수		I	I was B.	I was ☐ B.	☐ I B?
	복수		We	We were B.	We were ☐ B.	☐ we B?
2	단수		You	You were B.	You were ☐ B	☐ you B?
	복수		You	You were B.	You were ☐ B.	☐ you B?
3	단수	남성	He	He was B.	He was ☐ B.	☐ he B?
		여성	She	She was B.	She was ☐ B	☐ she B?
		중성	It	It was B.	It was ☐ B.	☐ it B?
	복수		They	They were B.	They were ☐ B.	☐ they B?

It was B

B에 다른 단어도 넣어 말하자.
a fish (생선)
a meal (식사)
a nightmare (악몽)

A3 1. 그것은 농담이었다.
It was a _____ .

2. 그것은 농담이 아니었다.
It was _____ a joke.

3. 그것은 농담이었니?
_____ it a joke?

We were

A4 1. 우리는 동물이었다.
→ We were animals.

2. 우리는 동물이 아니었다.
→ _____

3. 우리가 친구이었니?
→ _____

참고
축약과 축약의 발음

〈주어와 be동사〉는 축약하여 쓰기도 한다.
축약은 글보다
주로 말을 할 때 사용한다.

축약의 발음은 빠르고 약해진다.
따라서 딱딱한 어조가 사라지고
부드러운 어감을 줄 수 있다.

인칭	수	격 주어	be동사 현재	축약으로 이렇게도 발음될 수 있다.
1	단수	I	am	→ I'm (아임→암)
	복수	We	are	→ We're (위어→월)
2	단수	You	are	→ You're (유어→율)
	복수	You	are	→ You're (유어→율)
3	단수 남성	He	is	→ He's (히즈→이즈)
	단수 여성	She	is	→ She's (쉬즈→쉬즈)
	단수 중성	It	is	→ It's (잇츠→이츠)
	복수	They	are	→ They're (데어→데얼)

*과거형은 〈주어+동사〉의 축약형이 없다.

be동사와 not의 축약

are not은 aren't이고,
is not은 isn't이다.
was not은?

호주의 어느 비건 식당에서
- Aren't you a vegetarian? 채식주의자 아니세요?
  No, I am Korean. 아니요, 난 한국인 입니다.

am not은 축약이 없다.
줄여 쓰는 것이 오히려 발음이 불편해서다.

ain't

ain't는 영화나 드라마 그리고 노래 가사 등 여러 곳에서 듣고 궁금할 수도 있다.

ain't는 be동사 현재형과 not을 축약한 것이다.

1. am not → ain't
2. are not → ain't
3. is not → ain't

ain't는 원래 18세기에 실생활에서 쓰였던 것이고, 지금은 은어(slang)로 실생활에서도 사용하지만 비문법적 표현이 되어 교과서에는 없다.

47

4. /형용사/ Adjective

Q4 형용사는 뭔가요?

What is an adjective?

형용사는 명사를 위해 태어났다.

명사의 감정이나 상태를
　　형용사로 수식하거나 서술을 한다.

A1 형용사는 명사를 수식한다. *수식은 꾸미는 것이다.*

큰 발 (big feet),
　큰 새들 (big birds)에서 큰(big)이 형용사이다.

수식의 속성은 지속적이다.

　　　　a fat mouse

　　　　an old bike

　　　　good standards

　　　　a golden key

　　　　many things

✓ 형용사(形容詞)에서
　　　(形)은 '모양 형'
　　　(容)은 '얼굴 용'
　　　(詞)는 '말씀 사' 이다.
　　　　영어로 형용사는 adjective이다.

A2 형용사는 명사를 서술한다. 서술은 설명하는 것이다.

큰 새들을 보고
"새들이 크다." 라고 설명할 수 있다.

한국어는 형용사만 가지고 서술할 수 있다.

예를 들면, <배고프다>,
<행복하다>,
<좋다>

그러나 영어는 형용사만 가지고는 서술할 수 없다.
혼자 있는 영어 형용사는 단어일 뿐이다.

old
dark
ready
great
awake

영어는 반드시 연결동사가 있어야 서술한다.

가장 흔하게 사용하는 연결동사는 be동사 이다.

Ice ☐ cold.
Bread ☐ soft.
The birds ☐ busy.

5. /부사/ Adverb

Q5 부사는 뭐죠? *What is an adverb?*

✓ 부사는 **동사**를 위해 태어났다.

A1 부사는 **동사**를 수식한다.

(You) | Go
 ╲ 자주 (often)
 ╲ 조용히 (quietly)
 ╲ 빠르게 (quickly)

A2 부사는 **형용사**도 수식한다.

<u>매우</u> 큰 *very* big
<u>너무</u> 높은 *too* high
<u>대단히</u> 행복한 *extremely* happy

A3 부사(副詞)에서
   (副)는 '도움 부'
    (詞)는 '말씀 사' 이다.

영어로 부사는 adverb이다.
ad는 (...에) 방향을, verb는 동사다.
따라서 adverb는 동사에 붙는 뜻을 가진다.

부사가 없다면?
세상은 무미건조할 것이다.

음식에 맞은 양념이듯
언어의 맛은 부사가 낸다.

A4 부사는 문장의 뼈대가 아니다.
덧붙이는 말이다.

**부사를 사용하면,
〈공간 · 시간 · 심리〉 표현을 더 구체적으로 할 수 있다.**

A5 when언제,
where어디로,
how어떻게,
why왜란 응답은 다 부사가 된다.

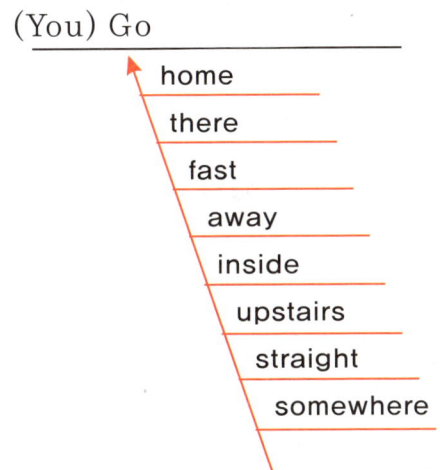

이것이 영어식 사고이다

한국어는 주어 생략이 많으나
영어는 항상 〈주어〉가 필요하다.
주어를 생각해 내는 것이 영어식 사고이다.
따라서 훈련이 필요하다.

✓ 네모에 주어와 be동사를 넣어 영어로 말해보자.

☐☐ really,
　　　really,
　　　　　really busy. 1. 저 정말, 정말, 정말 바쁩니다.
　　　　　　　1. →_____

　　　　　　nervous. 2. 저 정말, 정말, 정말 긴장됩니다.
　　　　　　　2. →_____

　　　　　thirsty? 3. 당신 정말, 정말, 정말 목마른 가요?
　　　　　　3. →_____

　　　serious? 4. 정말, 정말, 정말 진심이요?
　　　　4. →_____

　sleepy? 5. 정말, 정말, 정말 졸려?
　5. →_____

A was B   B에 다른 단어도 넣어 말하자.

A1 1. 그 학생은 정말 [똑똑했다].
→ The [student] was really [smart].

2. 그것은 사실이 아니었다.
→ It was [ ] true.

3. 정말로 즐거웠나요?
→ [ ] it really joyful?

be동사 대신 연결동사로 사용하는 일반동사가 있다.

그러나 일반적으로 쓰이는 일반동사 뜻이 아니다.
　　뜻은 〈어떤 상태로 되다〉,
이때 동사 뒤는 형용사만 온다.
get / grow / go / come / turn / run / make / fall /
keep / appear / remain / become

A got B

A2 1. I got upset.
→ _____

2. The food went bad.
→ _____

3. The milk turned sour.
→ _____

6. /전치사/ Preposition

Q6 전치사는 뭐죠?

전치사는 연결어이다.

A1 전치사는 〈단어〉와 〈단어〉를 연결한다.

명사와 명사를 연결한다.

형용사와 명사를 연결한다.

동사와 명사를 연결한다.

A2 전치사 뒤에는 명사가 온다.

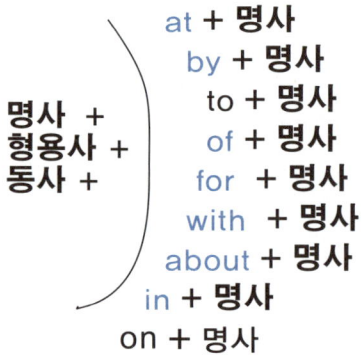

기억 결국 앞 단어 의미를
/ (**전치사+명사**)가 더 뚜렷하게 해준다.

전치사(前置詞)에서 (前)은 '앞 전',
(置)는 '놓일 치',
(詞)는 '말 사' 이다.
영어로는 pre(앞에), position(위치)에서
preposition이다.

전치사의 연결 뜻을 알자.

A1 at은 대상을 향해 점을 콕 찍듯 구체적인 것을 나타낸다.
따라서 작은 단위와 순간에 주로 쓰인다.

A2 in은 점에서 더 나간 선이라 할 수 있다.
따라서 **공간, 시간, 심리**의 범위를 나타낼 때
큰 단위와 긴 시간에 주로 쓰인다.

A3 by는 '옆에' 가까이 있어 영향력을 행사한다.
시점이나 수단이나 방법을 나타낼 때 쓰기 좋다.

A4 on은 어떤 대상에 접촉한 상태로
계속 연결된 관계이다.
또한 특정한 시점도 나타낸다.

A5 of는 전체의 일부라는 것을 연결한다.
그래서 뗄 내야 뗄 수 없는 불가분의 관계를 나타낸다.

A6 to는 목표를 향한 도착점과
목표에 도달한 결과를 나타낸다.

A7 with는 어떤 대상과 동등하게 동시에 함께 하는 것이다.
여기서 '..가지고' 뜻이 나온다.

A8 for는 상호간 교환에 쓰인다.
따라서 물건이나 행위로 발생하는 구체적인 가치를 나타낸다.

A9 about은 대상과 그 대상의 주변에 관한 것을 나타낸다.

cf. about은 '주변에 가까운' 뜻으로 형용사로도 쓰인다.
be about to 동사원형 : 막 ... 하려고 하다.

A10 before는 순서가 앞선 것을 나타낸다.
따라서 ...전에, 앞에' 뜻이 나왔다.
cf. before와 같은 뜻의 in front of는
특정한 대상 앞에 있는 사물이나 사람에 쓰인다.

A11 after는 앞서는 것을 뒤에서 쫓아간다.
여기서 ... 후에' 뜻이 나왔다.

57

기억

I / We / You / They	come
He / She / It	comes

주어가 3인칭 단수일 때
일반동사에 -s나 -es를 붙여 현재를 나타낸다.

현재 기본시제

-s, -es 만들기
발음의 편리성을 생각하며

① 일반동사의 동사원형에 s를 붙인다.
- say → says [세즈]
- keep → ☐

② 원형동사 끝이 o로 끝나는 것은 es를 붙인다.
- echo → echoes
- go → ☐

③ 원형동사 끝이 자음+y이면 y를 i로 고치고 es를 붙인다.
- fly → flies
- study → ☐

④ 원형동사 끝이 sh, ch, ss, x, z로 끝나는 것은 es를 붙인다.
- wash → wash☐
- teach → teach☐
- pass → pass☐
- mix → mix☐
- buzz → buzz☐

동사원형에 -s나 es를 왜 붙여?

A1 현재를 나타내려고 붙인다.

그런데 주어가 1인칭, 2인칭일 때는 왜 없어?

초기에는 있었다.

있었다가 사라졌다. 현재 표시가 없어도
〈나〉와 〈너〉는 서로 현재를 알 수 있기 때문이다.

A2 또한 복수형 주어도 동사에 -s나 -es가
없다. 왜? 여러명이라 서로 현재를 알 수
있다. 따라서 -s나 -es를 붙이지 않는다.

A3 그러나 3인칭 단수는 제3자이다.
따라서 동사에 -s나 -es를 표시하여
현재라는 객관적 사실을 나타낸다.

잠깐

영어 원어민들은 실제 대화에서
이런 규칙을 무시하면 어투가 이상하다고 느낀다.

일반동사 현재

긍정문/ 부정문/ 의문문

A1 일반동사의 현재 긍정에는   현재형 동사를 사용한다.

A2 일반동사의 현재 부정에는
do not 또는 축약한 don't가 동사 앞에 놓인다.
주어가 3인칭 단수일 때는   does not 또는 doesn't을 쓴다.

A3 일반동사의 현재 의문에는   do가 〈주어〉 앞에 놓인다.
주어가 3인칭 단수일 때는   does가 앞에 놓인다.

*부정과 의문에 쓰이는 do나 does는 뜻이 없다.
뜻없이 현재만 나타내는 조동사이다.

✓ do(..하다) 동사의 현재 긍정/ 부정/ 의문
주어가 3인칭 단수일 때는 does이다.

인칭	수	격	주격	현재 긍정	현재 부정		현재 의문
1	단수		I	do	don't do	→	Do I do?
	복수		We	do	☐ do	→	☐ we do?
2	단수		You	do	☐ do	→	☐ you do?
	복수		You	do	☐ do	→	☐ you do?
3	단수	남성	He	does	☐ do	→	☐ he do?
		여성	She	does	☐ do	→	☐ she do?
		중성	It	does	☐ do	→	☐ it do?
	복수		They	do	☐ do	→	☐ they do?

✔ have(..가지다) 동사의 현재 긍정/ 부정/ 의문
주어가 3인칭 단수일 때는 has이다.

인칭	수	주격	현재 긍정	현재 부정	현재 의문
1	단수	I	have	☐ have	→ Do I have?
	복수	We	have	☐ have	→ ☐ we have?
2	단수	You	have	☐ have	→ ☐ you have?
	복수	You	have	☐ have	→ ☐ you have?
3	단수 남성	He	has	☐ have	→ ☐ he have?
	단수 여성	She	has	☐ have	→ ☐ she have?
	단수 중성	It	has	☐ have	→ ☐ it have?
	복수	They	have	☐ have	→ ☐ they have?

✔ live(살다) 동사의 현재 긍정/ 부정/ 의문
주어가 3인칭 단수일 때는 lives이다.

인칭	수	주격	현재 긍정	현재 부정	현재 의문
1	단수	I	live	☐ live	→ Do I live?
	복수	We	live	☐ live	→ ☐ we live?
2	단수	You	live	☐ live	→ ☐ you live?
	복수	You	live	☐ live	→ ☐ you live?
3	단수 남성	He	lives	☐ live	→ ☐ he live?
	단수 여성	She	lives	☐ live	→ ☐ she live?
	단수 중성	It	lives	☐ live	→ ☐ it live?
	복수	They	live	☐ live	→ ☐ they live?

A1 과거시제는 규칙과 불규칙이 있다.
규칙동사는 동사원형에 -d나 -ed를 붙여
과거와 과거분사로 쓴다.

과거 기본시제

규칙동사 만들기 — 발음의 편리성을 생각하며

① 보통 동사원형에 ed를 붙인다.
- play → played
- happen → ☐

② 동사원형이 e로 끝나면 d만 붙인다.
- dance → danced
- live → ☐

③ 동사원형 끝이 자음+y이면 y를 i로 고치고 ed를 붙인다.
- cry → cried
- study → ☐

④ 단모음+자음으로 끝나면 자음을 하나 더 쓰고 ed를 붙인다.
- stop → stopped
- knit → ☐

⑤ 동사원형이 ic로 끝나면 k를 쓰고 ed를 붙인다.
- traffic → trafficked
- panic → ☐

⑥ 2음절 이상 끝 음절에 강세가 있으면
끝 자음을 하나 더 쓰고 ed를 붙인다.
- admit → admitted
- occur → ☐

A2 〈불규칙 동사〉는
동사원형에서 주로 모음이 변한다.
다음 4종류로 분류된다.

A-B-C형 : 모음의 변화를 기억하자.

원형	- 과거형	- 과거분사형
01 do (행하다)	– did	– done
02 go (가다)	– went	– gone
03 take (취하다)	– took	– taken
04 see (보다)	– saw	– seen
05 break (깨뜨리다)	– broke	– broken
06 choose (선택하다)	– chose	– chosen
07 sing (노래하다)	– sang	– sung
08 drink (마시다)	– drank	– drunk
09 begin (시작하다)	– began	– begun
10 grow (자라다)	– grew	– grown
11 fly (날다)	– flew	– flown

A-B-B형 : 과거, 과거분사 끝이 주로 d나 t로 끝난다.

원형	- 과거형	- 과거분사형
01 hear (듣다)	– heard	
02 build (세우다)	– built	
03 lose (잃다)	– lost	
07 hold (붙들다)	– held	
04 buy (사다)	– bought [bɑːt]	
06 think (생각하다)	– thought [θɑːt]	

A-B-A형 : 과거형 모음만 변한다.

원형	- 과거형	- 과거분사형
01 run (뛰다)	– ran	
02 come (오다)	– came	

A-A-A형 : 거의 1음절로 동사 끝이 주로 -t로 끝난다.

원형	- 과거형	- 과거분사형
01 cut (자르다)	– cut	
02 hit (치다)	– hit	
03 put (놓다)	– put	
04 let (하게하다)	– let	
05 wet (적시다, 젖다)	– wet	

일반동사 과거
긍정문/ 부정문/ 의문문

A1 일반동사의 과거 긍정에는 과거형 동사를 사용한다.

A2 일반동사의 과거 부정에는
did not 또는 축약한 didn't이 동사 앞에 놓인다.

A3 일반동사의 과거 의문에는 did가 주어 앞에 놓인다.

부정과 의문에 쓰이는 did는 뜻이 없다.
뜻없이 과거만 나타내는 조동사이다.

 do(..하다) 동사의 과거 긍정/ 부정/ 의문

인칭	수	주어	과거 긍정	과거 부정		과거 의문
1	단수	I	did	didn't do	→	☐ I do this?
1	복수	We	did	☐ do	→	☐ we do this?
2	단수	You	did	☐ do	→	☐ you do this?
2	복수	You	did	☐ do	→	☐ you do this?
3	단수 남성	He	did	☐ do	→	☐ he do this?
3	단수 여성	She	did	☐ do	→	☐ she do this?
3	단수 중성	It	did	☐ do	→	☐ it do this?
3	복수	They	did	☐ do	→	☐ they do this?

✓ have(..가지다) 동사의 과거 긍정/ 부정/ 의문

인칭	수	격 주어	과거 긍정	과거 부정	과거 의문
1	단수	I	had	☐ have	→ ☐ I have?
1	복수	We	had	☐ have	→ ☐ we have?
2	단수	You	had	☐ have	→ ☐ you have?
2	복수	You	had	☐ have	→ ☐ you have?
3	단수 남성	He	had	☐ have	→ ☐ he have?
3	단수 여성	She	had	☐ have	→ ☐ she have?
3	단수 중성	It	had	☐ have	→ ☐ it have?
3	복수	They	had	☐ have	→ ☐ they have?

✓ live(살다) 동사의 과거 긍정/ 부정/ 의문

인칭	수	격 주어	과거 긍정	과거 부정	과거 의문
1	단수	I			
1	복수	We			
2	단수	You			
2	복수	You			
3	단수 남성	He			
3	단수 여성	She			
3	단수 중성	It			
3	복수	They			

영어 동사는 둘 중 하나이다.
<be동사>냐? <일반동사>냐?

그렇다면 (조동사)는 뭐지?

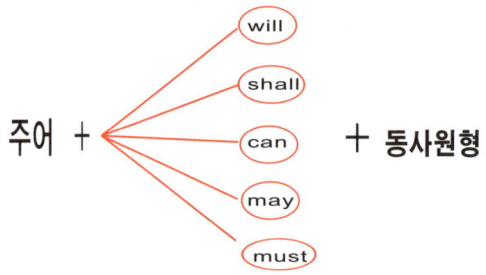

A1 조동사는 <be동사> 앞에 놓이는 것이다.
I will be there.

조동사는 <일반동사> 앞에 놓이는 것이다.
I will go there.

A2 예를 들면, will be, will go에서
will은 조동사이다.

조동사 뒤에 오는 동사는 본동사라 한다.
will be, will go에서 be나 go는 본동사이다.

미래심리를 나타내는 조동사

자연과 인간, 인간과 인간, 인간과 신 등 다양한 관계에서 미래심리를 표현할 때 조동사를 사용한다.

동사를 도와준다고 도울 조(助)를 써서 조동사(助動詞)라 한다.

영어로는 auxiliary verb 또는 helping verb라고도 한다.

조동사 + 동사원형

조동사 뒤는 반드시 **동사원형**을 쓴다.
조동사가 시점을 나타내기 때문이다.

미래는 우리가 겪었거나
겪고 있는 것이 아니기 때문에
그 영역은 매우 추상적이며 무한하다.
이러한 미래영역에서 조동사를 사용한다.

A1 will의 원형 이미지는 **선택**이다.
말하는 사람의 강한 의지로 '..할 것이다'
will의 부정은 will not이고 축약은 won't이다.

A2 shall의 원형 이미지는 **종속**이다.
듣는 사람의 의견을 묻고 의견에 따라 '..할 것이다'
Shall we go there?

A3 can의 원형 이미지는 할 수 있는 **능력**이다.
어떤 것을 '..할 수 있다'라는 능력, 허락, 가능성을 나타낸다.
can의 부정은 can not 또는 cannot으로 붙여쓴다.
일반적인 쓰임은 cannot이고, **축약은 can't이다.**
...할 수 없다와 ...하면 안 된다는 의미로 쓰인다.

A4 may의 원형 이미지는 가능성이 **반반**이다.
'..할 수도 있고, 안 할 수도 있다' 라는
발생 가능성에 확신이 없다.

A5 must의 원형 이미지는 단정적인 **판단**이다.
뭔가 확실한 근거가 있어
'오직 ..일 것이다' 라고 추측한다.
또한 '..해야 한다고' 강한 어조로 단정한다.

미래는

> 미래심리를 나타내는 조동사를 쓴다.

문장에 조동사가 있는가?
이때 주어가 단수냐 복수냐는 따지지 않는다.

A1 〈조동사 + 동사원형〉을 쓰면 **긍정** 이다.
☐ 를 이용한 긍정에는 ☐ + 동사원형을 쓴다.

A2 조동사 뒤에 not을 쓰면 **부정** 이다.
☐ 를 이용한 부정에는 ☐ not 또는 축약한 ☐ 를 사용한다.

A3 조동사를 주어 앞으로 쓰면 **의문** 이 된다.
☐ 를 이용한 의문에는 조동사 ☐ 이 주어 앞에 놓인다.

✓ do(..하다) 동사의 미래심리 긍정/ 부정/ 의문

인칭	수	격	주어	미래심리 긍정	미래심리 부정	미래심리 의문
1	단수		I	will do	will not do	→ ☐ I do this?
	복수		We	will do	☐ ☐ do	→ ☐ we do this?
2	단수		You	can do	can not do	→ ☐ you do this?
	복수		You	can do	☐ ☐ do	→ ☐ you do this?
3	단수	남성	He	may do	may not do	→ ☐ he do this?
		여성	She	may do	☐ ☐ do	→ ☐ she do this?
		중성	It	must do	must not do	→ ☐ it do this?
	복수		They	must do	☐ ☐ do	→ ☐ they do this?

✓ have(..가지다) 동사의 미래 긍정/ 부정/ 의문

인칭	수	주어	미래 긍정	미래 부정	미래 의문
1	단수	I	will have	will ☐ have	→ ☐ I have?
	복수	We	will have	will ☐ have	→ ☐ we have?
2	단수	You	will have	will ☐ have	→ ☐ you have?
	복수	You	will have	will ☐ have	→ ☐ you have?
3	단수 남성	He	will have	will ☐ have	→ ☐ he have?
	단수 여성	She	will have	will ☐ have	→ ☐ she have?
	단수 중성	It	will have	will ☐ have	→ ☐ it have?
	복수	They	will have	will ☐ have	→ ☐ they have?

✓ 생각나는 동사를 미래심리 긍정/ 부정/ 의문으로 말하자.

인칭	수/격	주어	미래심리긍정	미래심리 부정	미래심리 의문
1	단수	I			
	복수	We			
2	단수	You			
	복수	You			
3	단수 남성	He			
	단수 여성	She			
	단수 중성	It			
	복수	They			

이것은 알아야 한다.

〈to + 동사원형〉을 알자!

to take a walk

A1 〈to + 동사원형〉은 문장에서

명사/
형용사/
부사〉로 쓰인다.

- 그러나 -

어떤 품사 역할을 하느냐는

문장에서 결정된다.

– 그래서 흔히 부정사(不定詞 infinitive)라 한다.
– 부정(不定)은 '딱 정해진 것이 아니다' 뜻이다.

A2 〈to + 동사원형〉은
공간적의미를 나타내는 동사원형에
to를 붙여 아직 눈에 보이지 않는
미래적의미를 나타내는 것이었다.
to를 쓰면 〈미래성〉 의미를 갖는다.

그러나
〈to + 동사원형〉의 실제 쓰임은
〈현재적의미 / 과거적의미 / 미래적의미〉에 쓰이고 있다.
어떤 의미로 쓰이냐는

문맥에서 결정된다.

A3 ⟨to+동사원형⟩은 연결어이다.
다른 말과 연결한다.
다른 말과 연결할 때 ⟨to+동사원형⟩은
문장에서 **명사** / **형용사** / **부사**로 쓰인다.

1. (to + 동사원형)이 명사로 쓰인다는 것은?
   명사 역할을 한다는 것이다.

   - 따라서 **주어자리에 쓰인다.**
   산책을 하는 것은 is good for the health.

   _____

2. (to + 동사원형)이 형용사로 쓰인다는 것은?
   형용사 역할을 한다는 것이다.

   - 따라서 **명사를 꾸민다.** (뒤에서 꾸민다)
   I have no time 산책할.

   _____

3. (to + 동사원형)이 부사로 쓰인다는 것은?
   부사 역할을 한다는 것이다.

   - 따라서 **동사를 꾸민다.** (뒤에서 꾸민다)
   We went out 산책을 하기 위해
   _____

〈동사원형+ing〉를 알자!

 taking a walk

A1 〈동사원형+**ing**〉는 문장에서

　　명사/
　　　형용사/
　　　　부사〉로 쓰인다.

- 그러나 -

어떤 품사 역할을 하느냐는

문장에서 결정된다.

흔히 〈동사원형+ing〉가
- 문장에서 명사로 쓰일 때 〈동명사〉라 한다.
- 형용사로 쓰일 때 〈현재분사〉라 한다.

A2 〈동사원형+ing〉는
지금 눈에 보이는
현재적의미를 나타내는 것이었다.

그러나
〈동사원형+ing〉의 실제 쓰임은
〈현재적의미 / 과거적의미 / 미래적의미〉에 쓰이고 있다.
어떤 의미로 쓰이냐는

문맥에서 결정된다.

A3 〈동사원형+ing〉는 연결어이다.
다른 말과 연결한다.
다른 말과 연결할 때 (동사원형+ing)는
문장에서 명사 / 형용사 / 부사로 쓰인다.

1. (동사원형+ing)가 명사로 쓰인다는 것은?
   명사 역할을 한다는 것이다.

   - 따라서 **주어자리에 쓰인다**.
   산책을 하는 것은 is good for the health.

2. (동사원형+ing)가 형용사로 쓰인다는 것은?
   형용사 역할을 한다는 것이다.

   - 따라서 **명사를 꾸민다**.
   The boy 산책을 하고 있는 is my nephew.

3. (동사원형+ing)가 부사로 쓰인다는 것은?
   부사 역할을 한다는 것이다.
   (동사원형+ing)가 부사 역할을 하는 것은
   오직 문장 수식을 할 때이다.
   산책을 하면서, I enjoyed the fresh air.

기억 **[-ing 만들기]** 발음의 편리성을 생각하며

① 일반적으로 동사원형에 ing를 붙인다.
  ☐ do (행하다) → doing
  ☐ play (놀이를 하다) → ☐

② -e로 끝나는 대부분 단어는
  발음이 안되니 e를 없애고 ing를 붙인다.
  ☐ hide (숨기다) → hiding
  ☐ vote (의사표시를 하다) → ☐

  cf. dye (염색하다) → dyeing
     be (존재하다) → being

③ 단모음 + 단자음으로 끝나면
  자음을 하나 더 쓰고 ing를 붙인다.
  ☐ sit (앉다) → sitting
  ☐ stop (멈추다) → ☐

④ -ic로 끝나면 k를 쓰고 ing를 붙인다.
  ☐ picnic (소풍가다) → picnicking
  ☐ mimic (흉내를 내다) → ☐

⑤ -ie로 끝나면
  ie를 y로 고치고 ing를 붙인다.
  ☐ die (죽다) → dying
  ☐ tie (묶다) → ☐

⑥ 2음절 단어 끝에 강세가 있으면
  끝 자음을 하나 더 쓰고 ing를 붙인다.
  ☐ omit (생략하다) → omitting
  ☐ occur (발생하다) → ☐

A1 She driving

이 말은
그녀가 운전하고 있는 것이
현재인지, 과거인지, 미래인지 알 수 없다.

A2 She is driving.

이 말은
현재 그녀가 운전하고 있음을 알 수 있다.

그것은 is 때문이다.

여기서 is는 기준 시점이 현재임을 나타낸다.
–ing는 진행중이라는 의미를 나타낼 뿐이다.

언제라는 기준시점이 필요하다.

1. (am, are, is)는 현재이고,
    ~ing는 진행의 뜻을 나타낸다.
   → 따라서 〈현재 + 진행형〉이라 한다.

2. (was, were)는 과거이고,
    ~ing는 진행의 뜻을 나타낸다.
   → 따라서 〈과거 + 진행형〉이라 한다.

3. (will)은 미래이고,
    〈be +~ing〉는 진행의 뜻을 나타낸다.
   → 따라서 〈미래 + 진행형〉이라 한다.

잠깐!

영어 의문문은 세가지 방식 뿐이다.

1. be동사로 묻는것이다.
(평서문 문장에 be동사가 있을 때)
갈 준비됐어? ☐ you ready to go?

2. 조동사 do로 묻는 것이다.
(평서문 문장에 일반동사만 있을 때)
저를 아세요? Do I know you?

3. 미래심리 조동사로 묻는 것이다.
(평서문 문장에 미래심리 조동사가 있을 때)
춤 추시겠어요? Shall we dance?

씨앗없이 뿌리가 생길 수 없다.

뿌리가 없다면 나무는 없을 것이다.
더 강한 뿌리를 원하면
의문사로 물어 보자.

의문사하면? 육하원칙이 생각날 수 있다.
who (누가), (누구를),
when (언제),
where (어디서),
what (무엇이), (무엇을),
how (어떻게), (어떤지),
why (왜)

의문사는 의문문 앞에 온다.

의문사가 문장 앞에 오면
　　　yes나 no의 답을 요구하지 않는다.
의문사로 시작하면 구체적인 답을 요구한다.

의문사에는 부사를 대신하여 묻는 **의문부사**가 있다.
　　when,
　　　where,
　　　　why,
　　　　　how
　　　단 how는 형용사를 대신하여 묻기도 한다.

　　　　　　　are you?
　　　　　1. 너 어딨니?
　　　　→

　　　　are you so happy?
　　　　2. 넌 왜 그렇게 행복해?
　　　→

　　　　do you love me?
　　　　3. 왜 나를 사랑하니?
　　　→

　　☐　is the field trip?
　　　　4. 소풍이 언제야?
　　　→

　　　　do we depart?
　　　　5. 어디서 출발하나요?
　　　→

　　　　are they still angry?
　　　　6. 그들은 왜 아직까지 화가 나있니니?
　　　→

　　　　can you do this?
　　　　7. 어떻게 이것을 할 수 있니?
　　　→

부사를 더 알자.

A1 here (여기에)는 장소를 나타내는 부사이다.
ago (이전에)는 시간을 나타내는 부사이다.
이처럼 특정한 부사가 따로 있다.

그러나 더 많은 부사가 대체로
형용사에 -ly를 붙여서 만든다.
따라서 형용사를 알면 부사는 참 쉽다.

quick → quickly (빨리)
fluent → ☐ (유창하게)
frank → ☐ (솔직하게)
natural → ☐ (자연히)
literal → literally (글자 뜻 그대로, 정말로)

A2 형용사가 〈자음+y〉로 끝나면 y를 i로 고치고 ly를 붙인다.
easy → ☐ (쉽게)
happy → ☐ (행복하게)

A3 ic로 끝난 형용사는 ally를 붙인다.
basic → ☐ (기본적으로)
specific → ☐ (명확하게)

cf. 명사에 붙는 ly는 형용사이다.
friend → ☐ (친한)
cost → ☐ (값비싼)

A4 형용사와 부사가 모양이 같아서
문맥에 의해 구분되는 것도 있다.

early (이른, / 일찍이)
fast (빠른, / 빠르게)
deep (깊은, / 깊게)
just (올바른, / 바로)
only (유일한, / 단지)
wrong (틀린, / 틀리게)
hard (힘든, / 열심히)
well (건강한, / 충분히)

A5 형용사와 모양이 같은 부사에 ly를 붙이면
더 추상적인 다른 뜻의 부사가 된다.

late (늦은, 늦게)
lately (최근에)

high (높은, 높게)
highly (매우)

hard (딱딱한, 열심히)
hardly (거의 ..않다)

near (가까운, 가까이)
nearly (거의, 대략)

even (일정한, ..조차)
evenly (고르게, 균등하게)

79

부사가 놓이는 자리

모든 부사가 동사만을 수식하는 것은 아니다.

부사에 따라 • 동사
    • 형용사
    • 부사
    • 문장을 수식한다.

1. 동사 수식은 대체로 동사 앞에 덧붙인다.
   never + **동사**

2. 형용사 수식은 대체로 형용사 앞에 덧붙인다.
   so + **형용사**

3. 부사 수식은 대체로 부사 앞에 덧붙인다.
   very + **부사**

4. 문장 수식은 대체로 문장 앞에 덧붙인다.
   Actually, **문장**

참고

이렇게 부사가 놓이는 자리가 있지만,

발음의 편리성, 의미의 강조 등

여러 이유로 부사의 자리는 달라 질 수도 있다.

그렇다면 그런 부사를 어떻게 알 수 있을까?

언어는 한방이 없다.

언어는 살아 있기 때문이다.

특히 부사는 지속적인 경험이 필요하다.

빈도부사?

How often (얼마나 자주?)
How many times (몇 번이나?) 등의 답이 되는
빈도부사를 알자.
빈도부사는
어떤 일이 얼마나 자주 일어나는지를 나타낸다.
아래 %는 절대치가 아닌 참고일 뿐이다.

(100%) **always** (언제나, 항상),

(80%) **usually** (보통, 일반적으로),

(60%) **often** (종종, 자주),

(50%) **sometimes** (때때로),

(30%) **occasionally** (가끔),

(10%) **seldom** (드물게, 좀처럼 ...하지 않는),

(10%) **rarely** (드물게, 좀처럼 ...하지 않는),

(5%) **hardly** / barely (거의 ...가 아니다),

(0%) **never** (결코 ...이 아니다)

기억

빈도부사는 대체로 be동사, 조동사 뒤에 둔다.
☐ I will *always* / love you.

81

7. /접속사/ Conjunction

Q7 접속사는 뭐죠?

접속사는 연결어이다.

A1 접속사는 <문장>과 <문장>을 연결한다..

접속사는
등위접속사와 종속접속사가 있다.

[등위접속사]

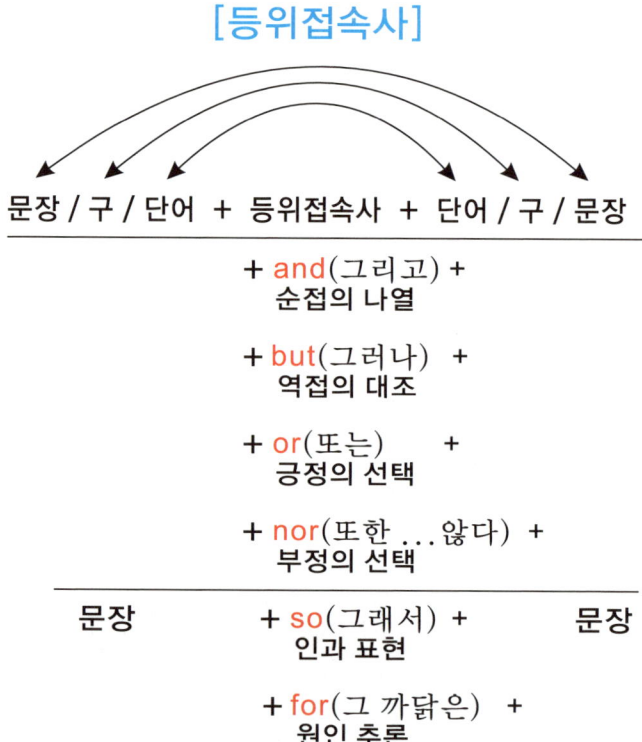

A2 등위접속사는

〈친구와 친구〉로 대등한 위치를 연결한다.

등위접속사는 A와 B를 연결한다.

1) (both) A | and | B ; A와 B 모두
2) (either) A | or | B ; A또는 B 둘 중 하나
3) (neither) A | nor | B ; A도 B도 …이 아니다
4) not A | but | B ; A가 아니라 B이다
5) not only A but (also) B ; A뿐만 아니라 B도,

이런 표현은

'A와 B 둘 다' 뜻이지만 **B를 강조한다.**

기억 본래 접속사는 문장과 문장을 연결한다.

그런데

등위접속사로 연결된 문장의 주어와 동사를 생략하면

단어와 단어가 남고, 구와 구가 남는다.

그러나

특히 so와 for는 등위접속사 역할을 할 때는
문장과 문장을 연결하는 기능만 한다.

참깐!
구(句)를 알자
Let's know the phrase.

구(句)란?
두 단어 이상으로 이루어진 묶음이 하나의 단어처럼 쓰이는 것이다.
구(句)에서 (句)는 '글귀 구'이다.
영어로는 phrase [freiz]

A1 전치사 뒤에는 (명사)가 온다. (전치사+명사) 묶음이 (명사)를 수식하면 (형용사) 역할이다. 그래서 (형용사)구라 한다.

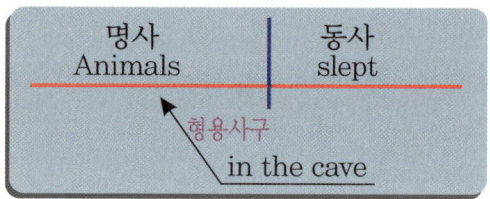

A2 또한 (전치사+명사) 묶음이 (동사)를 수식하면 (부사) 역할이다. 그래서 (부사)구라 한다.

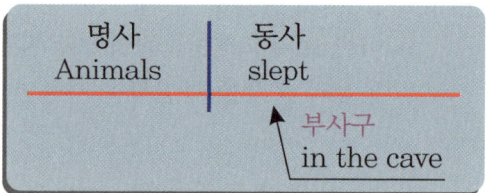

절(節)을 알자
Let's know the clause.

접속사를 안다면 또한 절도 알아야 한다.
　절(節)이란?

〈주어〉와 〈동사〉가 있는 문장이다.

절에는 무엇이 있는가?
부처! 스님!!
아니~~ 라오~~~
〈주어〉와 〈동사〉가 있다.

따라서

접속사는 문장과 문장을 연결한다.

접속사는 절과 절을 연결한다.

　절(節)에서 (節)은 '마디 절'이다.
　영어로는 clause이다.

기억

　사연이 **구구절절(句句節節)** 하다.
　이런 말을 들어봤을 것이다.
　　어떤 사연이 쓰여진 문장에
　〈구〉와 〈절〉이 많이 나와 자세하다 뜻이다.

A1 **종속접속사**는 〈주인과 종〉의 관계를 연결한다.

대표적인 종속접속사에는 that이 있다.

접속사 that은 뜻이 없다.

그저 종으로 주인에게 붙어산다.

종속접속사가 이끄는 절은 종속절이고,
　　종속접속사가 없는 문장은 주절이다.

주어+동사 + that + 주어+동사
　주절　　　종속절

I think that I have everything.
　　　　　종속절

✓ 〈종〉이 있으면 반드시 〈주인〉이 있다.

A2 종속접속사가 이끄는 절이
명사일을 하면 〈명사절〉이라 한다.
형용사일을 하면 〈형용사절〉이라 한다.
부사일을 하면 〈부사절〉이라 한다.

종속절이
〈명사절〉인지, 〈형용사절〉인지, 〈부사〉절인지 알려면
접속사를 먼저 경험해야 한다.
언어는 경험이기 때문이다.
이것은 따로 익혀야 한다. **(254쪽)**

that을 알자!

that은 쓰임이 두 가지 뿐이다.
　　접속사로 쓰이거나
　　　　지시어로 쓰인다.

접속사 that 은 약하게 발음하고
지시어 that 은 강하게 발음하는 경향이 있다.

A1 문장에서 that이 지시어로 쓰일 때는

　1. 지시〈대명사〉이거나
　　　Is that it? (그게 다인가요?)

　2. 지시〈형용사〉이거나
　　　Look at that one! (저거 봐요!)

　3. 지시〈부사〉이다.
　　　Is he that kind? (그가 그렇게 친절해?)

A2 문장에서 that이 접속사로 쓰일 때는

　1. 〈명사절〉이거나
　　I know that I let you down.
　　　　(난 알지 / 널 실망시켰다는 것을)

　2. 〈형용사절〉이거나
　　This is the only thing that I can do.
　　　　(이것이 유일한 것이야 / 내가 할 수 있는)

　3. 〈부사절〉이다.
　　You walk so fast that I can't go with you.
　　　　(너무 빨리 걸어서 / 너와 함께 갈 수가 없어)

8. /감탄사/ Exclamation

Q8 감탄사는 뭔가요?
What is an exclamation?

감탄사는 자신의 느낌을 짧게 나타내는 말이다.
감탄 방식은 문화에 따라 천차만별이다.
그러나 어떤 언어라도
감탄사는 문장에서 독립적으로 쓰인다.

Oh, boy! 세상에!
Oh, no! 안돼!
Aww.... **It's so cute.** 어머, 너무 귀여워
Hmm..., **what was it?** 음, 뭐였지?
Oops! 앗 이런!

기억

감탄문은 자신의 느낌을 문장으로 나타낸 것이다.
영어 감탄문을 기억하자.

A1 명사를 강조하는 감탄문에는 what을 사용한다.
What + a + 형 + 명 + (주 + 동)!
___ a lovely night (it is)! (아름다운 밤이에요!)

A2 형용사나 부사를 강조하는 감탄문에는 how를 사용한다.
How + 형 + (주 + 동)!
___ hot it is today! (오늘 진짜 덥다!)

언어는 살아있다

살아있는 사람이 언어를 사용한다. 그런 이유로 언어도 살아있어 유연하다. 누구나 언어 학습에는 유연한 사고가 필요하다. 언어를 수학적 사고로 접근하면 답이 없다. 그때는 저렇게 쓰이다 지금은 이렇게 쓸 수 있는 것이 언어이다.

영어 8품사도 그렇다.

이 사람은 길동이다, 저 사람은 춘향이다, 하려면 먼저 이름을 아는 경험이 있어야 하듯 품사도 그렇다.
언어는 경험이다.

book도 **school**도 알고 있을 것이다.

book은 명사로 '책'이고, '장부'이며 '예약하다'는 동사로 쓰여진다.
school은 명사로 '학교'이고, '물고기의 떼, 어군'이며 '훈련하다'는 동사로 쓰여진다.

그 러 나
영어 단어의 품사는
문장의 자리가 결정한다.

전치사 뒤에 명사가 온다.
A noun comes after a preposition.

(전치사) 뒤에 (명사)가 온다는 것을 아는가?
알면?
영어의 품사를 구별하는 힘을 가진다.
확인해 보자.

A1 desperately in need of help

in은 전치사이니
need는 명사로 쓰였음을 확 알게 된다.

of는 전치사이니
help는 명사로 쓰였음을 확 알게 된다.

따라서 〈절대적으로 도움이 필요한〉 뜻이다.

A2 in like manner

in은 전치사이니 like가 명사?
그러면 manner는?
여기서 like는 '비슷한' 뜻의 형용사이다.
명사 manner를 꾸민다.

따라서 〈비슷한 방식으로 → 마찬가지로〉 뜻이다.

A3 〈전치사+명사〉는 명사 앞에 형용사가 끼어들고, 형용사 앞에 부사가 끼어들 수 있다.
이럴 경우 (전+명) 묶음은 길어진다.

전 + △ + △ + △ + 명사
　　　관사　부사　형용사

I am cooking at  a very low heat. (매우 낮은 불에)

접속사 뒤에는 〈주+동〉이 온다.

A subject and a verb come after a conjunction.

접속사 뒤에는 〈주어+동사〉가 온다.

이렇게 간단한 사실을 알면?
보이지 않는 것도 보는 실력을 가진다.
없는데? 보인다면? 그것이 실력이다.

I think I have everything I need.

→ I think 다음에
　　　→ I need 앞에

목적어를 이끄는 접속사 (that)은 생략할 수 있다.

왜?

생략해도 누구나 알 수 있기 때문이다.

물론 격식을 갖출 때는 쓰는 것이 좋다.

품사의 변별력 test

영어 단어의 품사는
문장의 자리가 결정한다.
영어 기본은 그것을 아는 것이다.

[밑줄 친 단어의 품사를 써 보자!]

1. It <u>rains</u> a lot every summer.
2. We have a lot of <u>rain</u> in the summer.

3. The <u>early</u> bird catches the worm.
4. He got up <u>early</u> to go to work.

5. Do you have a <u>light</u>?
6. Please <u>light</u> the fire.
7. This box is very <u>light</u>.

8. We are <u>in</u> a big hurry.
9. Can we come <u>in</u>.

10. I'm <u>so</u> sorry I'm late.
11. I am busy now, <u>so</u> I have to go.
12. A: It will be raining soon.

    B: I don't think <u>so</u>.

12 문장을
영/어/가 입에 붙게 연습하자.

확인

1. 비가 많이 온다 / 매 여름이면 (동사)
2. 많은 비가 온다 / 여름에는 (명사)

3. 일찍 일어나는 새가 벌레를 잡는다. (형용사)

4. 그는 일찍 일어났다 / 직장에 가려고 (부사)

5. 라이터 있어요? (명사)

6. 불을 밝혀요. (동사)

7. 이 상자는 매우 가볍다. (형용사)

8. 저희 정말 급해요. (전치사)

9. 우리 들어가도 돼? (부사)

10. 늦어서 정말 죄송해요. (부사)

11. 지금 바빠요 그래서 저는 가야 합니다. (접속사)

12. A: 곧 비가 올 것 같다.
    B: 난 그렇게 생각 안해. (대명사)
    → 절대 아니야.

외국어 습득에는

반드시 주고 받는 반응이 있어야 한다.

영어로 누가 내게 말을 할 때도

사부가 나를 영어로 가르칠 때도

Ai와 내가 대화를 할 때도

영어에 제대로 반응하기 위해

Apply for a free e-book with this number,

010 8677 6448.

You deserve it.

이것은 익혀야 한다!

진행형 동사

긍정문/ 부정문/ 의문문

A1 진행형의 긍정은? be동사 + (-ing)이다.

A2 진행형의 부정은? be동사 뒤에 not을 쓴다.
　　　　　　　　　　조동사가 있으면 조동사 뒤에 not을 쓴다.

A3 진행형의 의문은? be동사를 〈주어〉 앞에 놓는다.
　　　　　　　　　　조동사가 있으면 조동사를 〈주어〉 앞에 놓는다.

✓ talk(..말하다) 동사의 현재진행형 긍정/ 부정/ 의문

인칭	수	격 주격	현재진행 /긍정	현재진행 /부정	현재진행 /의문
1	단수	I	am talking	am ☐ talking	→☐ I talking?
	복수	We	are talking	☐ not talking	→☐ we talking?
2	단수	You	are talking	are ☐ talking	→☐ you talking?
	복수	You	are talking	are ☐ talking	→☐ you talking?
3	단수 남성	He	is talking	☐ not talking	→☐ he talking?
	단수 여성	She	is talking	☐ not talking	→☐ she talking?
	단수 중성	It	is talking	☐ not talking	→☐ it talking?
	복수	They	are talking	☐ not talking	→☐ they talking?

✓ talk(..말하다) 동사의 과거진행형 긍정/ 부정/ 의문

인칭	수	격	주격	과거진행/긍정	과거진행/부정	과거진행/의문
1	단수		I	was talking	was ☐ talking	→ ☐ talking?
	복수		We	were talking	☐ not talking	→ ☐ we talking?
2	단수		You	were talking	were ☐ talking	→ ☐ you talking?
	복수		You	were talking	were ☐ talking	→ ☐ you talking?
3	단수	남성	He	was talking	☐ not talking	→ ☐ he talking?
		여성	She	was talking	was ☐ talking	→ ☐ she talking?
		중성	It	was talking	☐ not talking	→ ☐ it talking?
	복수		They	were talking	☐ not talking	→ ☐ they talking?

✓ talk(..말하다) 동사의 미래진행형 긍정/ 부정/ 의문

인칭	수	격	주격	미래진행/긍정	미래진행/부정	미래진행/의문
1	단수		I	will be talking	will ☐ be talking	→ Will I ☐ talking?
	복수		We	will be talking	will ☐ be talking	→ ☐ we be talking?
2	단수		You	will be talking	will not ☐ talking	→ ☐ you be talking?
	복수		You	will be talking	will ☐ be talking	→ Will you ☐ talking?
3	단수	남성	He	will be talking	will not ☐ talking	→ Will he ☐ talking?
		여성	She	will be talking	will not ☐ talking	→ Will she ☐ talking?
		중성	It	will be talking	will ☐ be talking	→ Will it ☐ talking?
	복수		They	will be talking	will ☐ be talking	→ ☐ they be talking?

동사/쓰시/가/영어 이것은 익혀야 한다.

A1 한국어 내용에 맞는 영어 문장을 써 보자.

I doing? 내가 뭘하고 있는 거지?
1. →

listening to me? 내 말 듣고 있니?
2. →

you wearing a hat? 모자를 왜 쓰고있니?
3. →

trying to learn it? 그것을 배우려고 시도하니?
4. →

washing the dishes? 그녀는 접시를 씻고 있니?
5. →

writing anything interesting? 흥미있는 뭔가를 쓰고있었니?
6. →

he playing the cello? 그는 왜 첼로를 연주하니?
7. →

teaching grammar? 내가 문법을 가르치고 있니?
8. →

coming home? 집에 오고있어?
9. →

watching TV? 그는 TV를 보고있니?
10. →

staying here? 여기에 머물렀었니?
11. →

[진행형을 쓸 수 없는 동사가 있다]

A2 진행형은
한순간에 마음대로 할 수 있는 일시적인 행위이다.
따라서 looking (의지로 보다)
listening (의지로 듣다) 등은
내 마음대로 할 수 있어서 진행형으로 할 수 있다.

그러나
한순간에 마음대로 할 수 없는 동사가 있다.
마음대로 할 수 없기에 진행형을 쓸 수 없다.

be	(마음대로 있고, 없고 할 수 없다)
see	보고, 말고
hear	듣고, 말고
resemble	닮고, 말고
have	가지고, 말고
love	좋아하고, 말고
hate	미워하고, 말고
seem	보이고, 말고

A3 진행형을 쓸 수 없는 동사가
진행형으로 쓰였다면
〈의도적이고 일시적인〉 의미로 뜻이 바뀐 것이다.

□1 He is having lunch.
　　　(먹고 있다)

□2 The doctor is seeing a patient.
　　　　　　　　(진찰하고 있다)

□3 You are being very kind today.
　　(오늘은- 다른 날과는 달리-매우 친절하다)

> 모든 만물은 원형에서 출발한다.
> 모든 동사도 원형에서 출발한다.

동사원형+es
동사원형+ed
조동사 동사원형
to 동사원형
동사원형+ing

동사를 보면 먼저 원형의미를 파악하자.

A1 do (..하다), do는 세상에 태어나 '...을 하다'라는 목적을 가지고 일반적인 행위를 하는 것이다.

조동사
- do business (사업을 하다)
- do justice (공정하게 다루다)

A2 have(소유하다), have는 주인으로서 물질이든 정신이든 자신 것으로 소유한 것이다.

조동사
- have a seat (앉으세요)
- have no manners (매너가 없다)

A3 talk (말하다), talk는 누구에게(**to**) 또는 무엇에 관하여(**about**) 상대와 대화로 말을 하는 행위나 행동을 나타낸다. 반면에, speak는 주고 받는 대화가 아닌 일방적으로 주기만 하는 말을 나타낸다.

조동사
- talk to (...에게 이야기하다)
- talk about (...관하여 이야기하다)

A4 get (가져오다), get은 움직여서 없는 상태에서 있는 상태로 보내거나 변화를 가져오는 것이다.

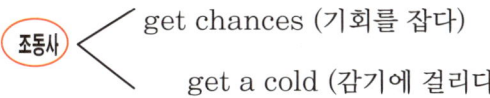
조동사 — get chances (기회를 잡다)
　　　　 get a cold (감기에 걸리다)

A5 keep (유지하다), keep은 지속적인 상태를 계속 유지하고 있는 것이다.

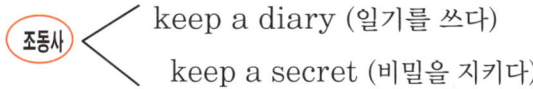
조동사 — keep a diary (일기를 쓰다)
　　　　 keep a secret (비밀을 지키다)

A6 take (취하다), take는 안쪽이든 바깥쪽이든 선택적 행동을 하여 자기 것으로 취하는 것이다.

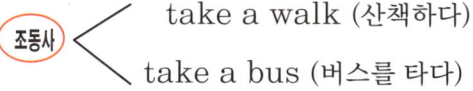
조동사 — take a walk (산책하다)
　　　　 take a bus (버스를 타다)

A7 make (만들다), make는 이 세상에 없던 것을 새롭게 만들어 내는 것이다.

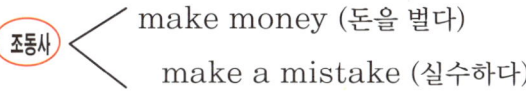
조동사 — make money (돈을 벌다)
　　　　 make a mistake (실수하다)

A8 tell (말하다), tell은 <tell + 간목 + 직목>
형식을 써서 간목에게 직목을 말하다.
또는 <tell + 목적어> 형식을 쓰면 목적어 내용을 말하다.
반면에, say는 <say + 목적어>를 써서 목적어를
입 밖으로 소리내서 말하는 것이다.

(조동사) ⟨ tell me something (뭔가를 내게 말하다)
       tell the truth (진실을 말하다)

A9 become (되다), become은 be가
come(다가 오다)에서 자연적으로 다른
존재나 상태가 되는 것이다.

(조동사) ⟨ become a merchant (상인이 되다)
       become a reality (현실이 되다)

A10 find (찾다), find는 몰랐던 것에
대해 순간 알게 되어 결국 자기 것이
되는 것이다. look for는 찾는 과정이
있을 때 사용한다. search는 기본적
으로 샅샅이 들추어 찾는 것이다.

(조동사) ⟨ find a solution (해결을 하다)
       find solutions (해결책을 찾다)

A11 help (돕다). help는 어떤 행위를 〈관리하다, 통제하다〉라는 이미지를 가지고 있다. 나 자신이나 상대를 관리하는 이미지에서 도움을 주다, 돕다 뜻이 나왔다.

I can't help it. (어쩔 수 없어)

A12 leave (떠나다, 남겨두다). leave라는 단어는 (떠나다, 남겨두다) 두 가지 뜻으로 쓸 수 있다. 우리 말은 상황에 따라 다르게 쓸 수 있기 때문이다. …로 방향이 있을 때는 leave for이다.

He left Seoul for Hawaii.
He left money for her.

He left for Hawaii. (하와이로 떠났다)
Leave me alone. (혼자있게 해줘)

이것을 타동사라 한다.
This is a transitive verb.

| We | can have | anything. |

'우린 가질 수 있다' 다음에
무엇을, 뭐를 등이 나와야
동사와 관련성도 있고 논리적이다.

A1 이처럼 '무엇을' 필요로 하는 동사를 **타동사**라 한다.

또한 **타동사** 뒤에 오는 대상을 **목적어**라 한다.
〈목적어〉자리에는 **명사**가 온다.

한국어는 명사에 〈을/를〉이라는 조사를 붙인다.

명사	타동사	명사
주어자리	동사자리	목적어자리

love ; …을 사랑하다
resemble ; …을 닮다
attend ; …을 참석하다
discuss ; …을 토의하다
steal ; …을 훔치다
describe ; …을 묘사하다
explain ; …을 설명하다
approach ; …를 접근하다
survive ; …을 살리다
mention ; …을 언급하디

이것은 자동사라 한다.
This is an intransitive verb.

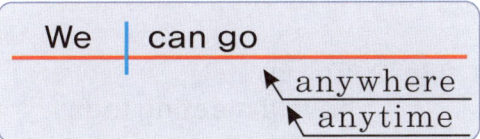

'우린 갈 수 있다' 이런 말에
어디든, 언제라도 등이 나오면
동사와 잘 어울린다.

A2 이처럼 방향성을 나타내는 동사를 **자동사**라 한다.
자동사는
주로 자연현상에서 일어나는 (동사)들이 많다.

go,   walk,
rain,   arrive,
snow,   lie,
rise,   sleep,
set,   cry,
live,   flow,
die,   sit,
exist,   dwell
happen,

A3 **자동사**는 뒤에 전치사를 붙여 타동사로 쓰기도 한다.
어떤 전치사가 올 것인지는 **자동사**의 방향성이
결정한다. 흔히 숙어라고 암기하는 것이다.

arrive at : …을 도착하다
look after : …을 돌보다
respond to : …을 대답하다
graduate from : …을 졸업하다

We have

A1 우리는 오늘 모임이 있다.
→ We have a meeting today.

우리는 오늘 모임이 없다.
→ We ☐ have a meeting today.

우리는 오늘 모임이 있냐?
→ ☐ we have a meeting today?

They live

A2 그들은 행복하게 산다.
→ ☐ live happily.

그들은 행복하게 살지 않는다.
→ They ☐ live happily.

그들은 행복하게 사니?
→ ☐ they live happily?

You keep

A3 너희는 매일 일기를 쓴다.
→ You keep a diary every day.

너희는 매일 일기를 쓰지 않는다.
→ You ☐ keep a diary every day.

너희는 매일 일기를 쓰니?
→ ☐ you keep a diary every day?

You like

A4 너희는 피자를 좋아한다.
→ ☐ guys like pizza.

너희는 피자를 좋아하지 않는다.
→ You guys ☐ like pizza.

너희는 피자를 좋아하니?
→ ☐ you guys like pizza?

you guys

you는 '너'가 아닌 '일반적인 사람'을 뜻하기도 한다.

특히 영어권의 실제 대화에서 종종 듣는 you guys는 you가 복수형이라는 것을 강조하는 말투이다. guy는 남성을 지칭한다. 그러나 you guys는 성별에 관계없이 비격식으로 '여러분, 너희들' 뜻이다.

따라서 여러 사람을 향해, 먼저 말을 건넬 때 이렇게 시작할 수도 있다.
Hi, guys!
또는 Hi, you guys!

고기 잡는 법을 익히자

고기 잡는 방법을 알면
누가 먹을 것을 주지 않아도 살 수 있다.
먹는 것을 스스로 해결할 수 있기 때문이다.
어떤 일을 하더라도
고기 잡는 법은 기본을 다지는 것이다.

기본 없이는 그저 그런 실력으로 끝이다.
더 깨닫는 실력이 없기 때문이다.
창의성의 본질은 기본이다.

✔ Make sentences asking the underlined parts.
- 1. He lives <u>in Manhattan</u>.
  → Where does _____ _____?

- 2. My birthday is <u>in April</u>.
  → _____ _____ your birthday?

- 3. The frog cries <u>in the pond</u>.
  → ☐ ☐ the frog ☐?

- 4. He goes to school <u>on foot</u>.
  → ☐ ☐ ☐ ☐ to school?

 틀린 것을 실수다 하지 마라 실수도 실력이다.
틀린 만큼이 자신의 영어 실력이다.
1개 80점/ 2개 60점/ 3개 50점/ 4개 40점/ 5개 20점/ 6개 10점
왜냐하면
3단현 동사의 감각이 있냐 없냐가 영어 실력으로 나타난다.

다음 각 문장을 의문문으로 써보자.

1. The sun rises.
   → _____

2. James wears jeans.
   → _____

3. It tastes so bad.
   → _____

4. He brushes his teeth.
   → _____

5. The breeze feels wonderful.
   → _____

6. She does something every week.
   → _____

참고

초기 사람들은 자연(자연)이 드러내는 공간에서
낮과 밤이 반복되는 **순환적 시간**을 알게 되었다.

초기 사람들은 생물이 태어나고 죽는 것을 보면서
시작이 있으면 끝이 있다는 **직선적 시간**을 알게 되었다.

지금의 우리도
순환적 시간을 쓰고 있다.
또한 **직선적 시간**도 쓰고 있다.
그것이 현재(present), 과거(past), 미래(future)이다.

우리들의 삶에서 현재/ 과거/ 미래는
　　　　　　　　　　　　동사로 표현한다.

기억

순환적 시간에서

현재 시제는 반복과 연속을 나타낸다.

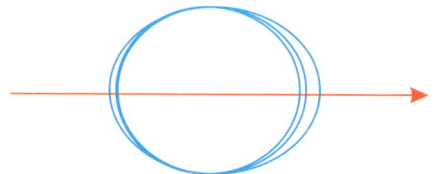

– The earth move**s**. 지구는 움직인다.
　　move**s**에서,
'반복과 연속'의 의미가 보입니까?

보인다면 영어를 모국어로 쓰는 감각을
당신도 가진 것이다.

현재는 과거와 미래가 중첩되는 시점이다.
따라서 현재 시제는 표현 범위가 넓다.

Early bird gets the worm.

스포츠 중계를 듣다보면

현재 시점은 범위가 넓어
같은 현재 상황이지만 문화에 따라 차이를 만든다.

한국어는 주로 과거형 동사를 쓴다.
왜? 이미 진행된 상황으로 보기 때문이다.
영어는 주로 현재형 동사를 사용한다.
왜? 현재 진행되는 상황으로 보기 때문이다.

And the game kicks off!
경기가 시작되었습니다.

The referee blows the whistle
and gives a yellow card.
심판이 호각을 불고 옐로 카드를 꺼냈습니다.

The batter swings
and hits a deep fly ball.
타자 휘둘었습니다 멀리 날아가는 볼을 쳤습니다.

미래 심리는

> 조동사로 묻고(의문)/
> 답한다(긍정이나 부정)

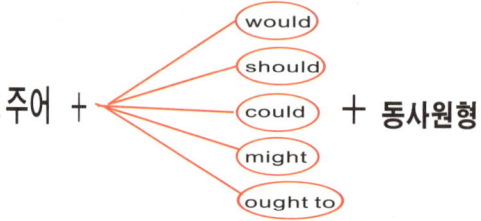

현재 또는 과거에서,
미래심리를 나타낼 때 쓰인다.

A1 주어 + would ＋ 동사원형

would는 〈..할 것이다〉라는 욕망과 의지를 나타낸다.
하지만 will보다 더 불확실한 미래심리이다.

또한
would는 불확실한 심리로 조심하는 말투라서 겸손한 어투에도 쓰인다.

What would you like / for dinner?

A2 주어 + should ＋ 동사원형

should는 권유나 권고에 쓰인다. 의무가 아니다.
...하는 것이 좋다' 그러니 '~해봐' 뜻이다.

shouldn't은 '..하지 않는게 좋겠다' 뜻이다.
여기서 '..하지 마라' 뜻도 나온다.

A3 주어 + could ＋ 동사원형

could는 발생 가능성을 나타낸다.
그러나 can보다 이루어질 가능성이 더 낮다.

cf. could가 과거의 상황에서 과거를 나타내는 경우가 있다.
이때는 할 수 있는 능력을 나타낸다.

How could you tell? 어떻게 알 수 있었어?

A4 주어 + might + 동사원형

might은 불확실한 가정과 추측을 나타낸다.
그러나 may보다 발생 가능성이 더 희박하다.

A5 주어 + ought to + 동사원형

ought to는 사회적 통념으로 당연히 그렇게 하는 것이 옳다고
'..해봐' 라고 **권유**하는 것이다.

1. People ☐☐ drive more carefully.

부정은 **ought not to**이다. 의문문에는 사용하지 않는다.

참고   cf. had better는 '~하는 것이 낫다'

그렇게 하지 않으면 좋지 않다는 명령조이다.

You had _____ not take a nap.

cf. would rather는 특정한 선택을 선호하여 ..하는 것이 낫다.

I would rather stay home tonight.

cf. used to + 동사원형

used to는 과거의 상태나
과거의 반복된 행위를 현재와 대조할 때 쓴다.
과거에는 그랬는데 지금은 그렇지 않다는 것이다.

1. I _____ ___ like it.
2. There ____ ___ be a big house on the corner.

유사조동사를 기억하자

유사조동사라 하는 것은
조동사 역할을 하는 관용적 표현이다.
조동사와 같은 뜻이라도 어감은 다르다.

A1 will & be going to + 동사원형

will은 주어가 강한 의지로 '..할 것이다'

cf. be going to는 **예정된 미래**를 나타낸다.
계획이나 사실을 근거로 '...할 것이다'

I was _____ to call you.

cf. going to는 일상 회화에서 발음철자로
gonna [고너 / 가너] 라고도 흔히 쓴다.

A2 can & be able to + 동사원형

can은 어떤 것을 '..할 수 있다' 라는
능력, 허락, 가능성을 나타낸다.

cf. be able to는 **어떤 조건이 성립되어** 드디어 할 수 있다.
이런 객관적인 능력을 나타낸다.

Is the baby _____ to walk yet?

삑! '...할 수 있을 것이다' 이것을 will can이라 하지 않는다.
미래성 조동사는 함께 쓰지 않는다.

A3 might as well + 동사원형

might as well은 더 나은 조건이 없어서 ..하는 것이 낫다.

We might as well stay home today.

A4 must & have to + 동사원형

must는 '...해야 한다'는 의무를 나타낸다.

You must carry out the plan immediately.

must not은 **금지**를 나타낸다.
'...해서는 안 된다' 뜻이다.

cf. must와 have to는 '...해야 한다'는 의무를 나타낸다.
그러나 must는 어조가 너무 강해서
일상적인 대화에서는 have to를 주로 쓴다.

don't have to는 '..할 필요가 없다'
don't need to 뜻이다.

주어를 바꾸어 표현해 보자.
..하지 않아도 돼

You don't have to wait.   I don't need to _____
      pay.   _____
      yell.   _____
      worry.   _____
      say it like that.   _____
      be quiet.   _____
      spend money.   _____
      go there.   _____
      know that.   _____
      eat it all.   _____
      take it too seriously.   _____
      attend the court hearing.   _____

이것이 주격보어이다.

A1 A is B.
A는 B이다.
A is B.에서 is는 연결동사이다.
is 뒤에 오는 B는 보어이다.
보어는 보충할 말의 자리이름이다.

영어로는 complement가 〈보어〉 뜻이다.
특히 주어를 보충하면 〈주격보어〉라 한다.
주격보어 자리에 올 수 있는 품사는
 (**명사**)나 (**형용사**)이다.

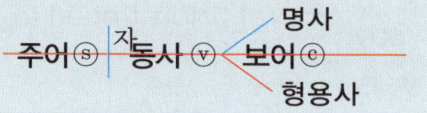

이 둘의 차이를 알아야 한다

A2 〈보어〉 자리에 (명사)가 오면
〈동격보어〉가 된다.

〈A는 B이다〉=〈B는 A이다〉
A와 B는 동격이다.

☐ My mother is a poet.
　The poet is my mother.
엄마가 시인이고, 시인이 엄마로 동격이다.

A3 〈보어〉 자리에 (형용사)가 오면
〈서술보어〉가 된다.

서술은 설명하는 것이다.
〈A는 B하다〉

다음 두 문장은 같은 뜻이 아니다.

☐ My mother is happy.
　Happy is my mother.

엄마가 개냐???
동격이 될 수 없다.

A와 B는 동격이 아니라서
〈B는 A하다〉라고 할 수 없다.

이것이 목적격보어이다.

A1 '나는 엄마를 만들었다' I made mother는 내용적으로 불완전하다. 목적어 뒤에 보충할 말이 필요하다.

I made mother happy .
엄마를 행복하게 했다는 것이다.

보어는 보충할 말의 자리이름이다.

특히 목적어를 보충하면 〈목적격보어〉가 된다. 목적격보어 자리에 올 수 있는 품사는 (명사)나 (형용사)이다.

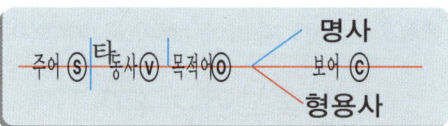

A2 〈목적격보어〉 자리에 (명사)가 오면
〈A는 B이다〉로

A=B 〈**동격**〉을 나타낸다.

목적어와 보어가 동격이다.

Say this in English!

▪1. 나는 여긴다 / 그가 천재(genius)라고
→ I consider / him   a ☐ .

A3 〈목적격보어〉 자리에 (형용사)가 오면
〈A는 B하다〉로

〈**서술**〉을 나타낸다.

목적어를 보어가 서술한다.

Say this in English!

▪1. 나는 놓고 왔어 / 문이 열어진 채(open)
→ I left / the door ☐ .

▪2. 나는 알아요 / 나 자신이 혼자라고(alone)
→ I find / myself ☐ .

119

명령은 2인칭 you에게 한다.
명령은 상대가 분명하기 때문에
대체로 주어를 생략하고, (동사원형)으로 시작한다.

명령은 명령문으로 한다.

상대에게 오라는 뜻으로 Come! 하면 '와' 뜻이 아니다. 이건 '오다' 뜻이다. 명령은 동사원형으로 시작하지만 (동사원형) 다음에는 구체적인 명령의 내용이 따라 온다.

Come / here.

이런 식으로 동사원형에 다른 내용을 덧붙이는 것이다.

- Be / careful. (조심해라.)
- Have / a dream. (꿈을 가져라.)
- Take / your time. (천천히 해.)

A1 부탁도 명령으로 할 수 있다. 문장 앞이나 뒤에 **please**를 붙이면 더 정중하게 느낀다. 또한 같은 명령이라도 느낌에 따라 문장 끝에 마침표(.)나 느낌표(!)를 붙일 수 있다.

・1 Please, have a seat. 자, 앉으세요.
・2 Be quiet, please. 조용히 하세요.

A2 부정 명령은 Don't + 동사원형〉 또는 Never + 동사원형〉을 사용한다.

Never를 사용하면 더 강조 하는 것이다.

- **Don't** be shy. (부끄러워하지 마!)
- **Never drink it!** (절대 마시지마!)

A3 간접 명령도 있다. 명령은 **you**에게 하는데 명령의 결과는 **1**인칭 또는 **3**인칭에 돌아가는 것이다. 간접명령에는 〈**let**〉을 사용한다. (..하게 허락하다)

- 1 내가 알게 해주세요. → 알려주세요.
  → ☐ me know.

- 2 너의 금빛 머리를 내려줘!
  → ☐ your golden hair down!

A4 Let's 는 Let us의 축약이지만 의미는 다르다.

Let's 는 '... 같이 하자' 뜻이고,
Let's not은 '... 같이 하지 말자' 뜻이다.

- Let's not jump to conclusions.
  아직 속단하지 말자.

cf. Let us는 목적어인 '우리가 ...하게 해주세요' 뜻이다.

- Let us bring this to a close.
  이것을 마무리하겠습니다.

이건 뭐야?

분사란 용어를 알고가자

분사(Participle 分司)는
나누어져 있다는 것이다.
그것이
현재분사와 과거분사이다.
그런데 그 용어가 실제 쓰임과 잘 맞지 않다.
현재분사는 현재를 의미하는 것이 아니고,
과거분사는 과거를 의미하는 것이 아니기 때문이다.

기억

분사는 형용사 역할을 한다

(**동사원형+ing**)가 (**형용사**) **역할**을 할 때,
☞ 학교에서는, 〈현재분사〉라고 한다.
용어가 현재분사이지만 현재 의미가 아니다.
진행중인 〈능동의미〉를 나타낸다.
따라서 (능동분사)라 하자.

```
A      stone  | gathers | no moss.
↗ rolling
(구르는 돌에는 이끼가 끼지 않는다.)
```

능동은 뭐고? 수동은 뭐죠?

'밀면 밀린다'에서
미는 것 (to push)는 능동 이고
　　　밀리는 것 (to be pushed)은 수동 이다.
스스로 뭔가를 하는 것은 능동이다.
다른 뭔가에 의해서 되어진 것이 수동이다.

우리가 사는 세상을 보라!
내가 있기 때문에 둘로 나누어지는 것이 있다.

하늘과 땅,

나와 그림자,

좋은 것과 나쁜 것

음(陰)이 있으면 양(陽)이 있고
양(陽)이 있으면 음(陰)이 있다.

이러한 이원성이 동사로도 표현된다.
그것이 〈능동〉과 〈수동〉이다.

능동	to push
수동	to be pushed

 **동사를 형용사로 쓰는 두 가지 방법**

1. 동사원형에 -ing를 붙인다.
   a **sleeping** dog (잠자는 개)
   -ing는 능동 뜻을 나타낸다.

2. 동사원형에 -d나 -ed를 붙인다.
   my **used** car (나의 사용된 차 →중고차)
   -ed는 수동 뜻을 나타낸다.
   (...에 의해서) 되어진

shock ─┬─ **shocking** → shocking news (충격적인 소식)
       └─ **shocked** → shocked fish (충격을 받은 물고기)

annoy ─┬─ **annoying** → annoying friends (짜증나게 하는 친구들)
       └─ **annoyed** → annoyed friends (짜증이 난 친구들)

✓ 수동 뜻의 -ed는 과거형이 아니다.
동사변화에서 익히는 과거분사이다.
과거분사는 형용사로 쓰인다.

A1 (동사원형+ing)의 수동형은
(being +과거분사)이다.

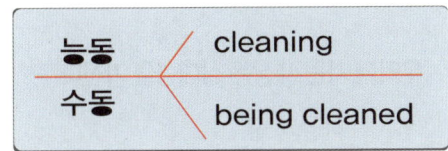

(being)이 생략된 과거분사가 형용사로 쓰일 때
〈과거분사〉라고 한다.

용어가 과거분사이지만 과거 의미가 아니다.
〈수동의미〉를 나타낸다.
따라서 (수동분사)라 하자.

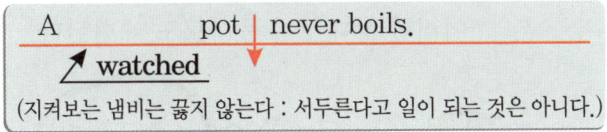

A2 (과거분사)가 형용사로 쓰인다는 것은?
형용사 역할을 한다는 것이다.

·1. 따라서 **명사를 꾸민다**.

중고자 대리점이 있다.
→ There is a [used] car dealership.

·2. 서술보어자리에서 쓰인다.

그에 대한 저의 가슴이 미어집니다.
→ My heart is [broken] for him.

125

질문1
과거분사는 또 어디에 쓰이나요?

-과거분사는 수동태 동사에 쓰인다.

우리가 사는 세상은 상대성을 가진다.
하늘과 땅,
빛과 어둠,
좋은 것과 나쁜 것,
진실과 거짓,
음(陰)이 있으면 양(陽)이 있고
양(陽)이 있으면 음(陰)이 있다.

이러한 상대성이 동사로도 표현된다.

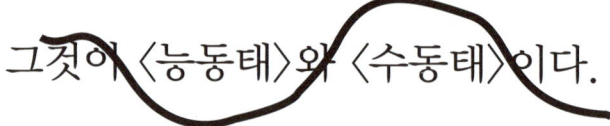

그것이 〈능동태〉와 〈수동태〉이다.

I invited (나는 초대했다)는 능동태이고,
I was invited (나는 초대받았다)는 수동태이다.

과거분사는 수동태 동사에 쓰인다.

수동태 동사의 기본형은
〈be동사 + 과거분사〉이다.

A1 〈be동사 + 과거분사〉에서
　　　be동사는 기준시점을,
　　　　　(과거분사)는 수동을 나타낸다.

　　1. am moved (감동받는다)
　　　→ am은 현재임을, moved는 수동을 나타낸다.

　　2. are deprived (빼앗긴다)
　　　→ are는 현재임을, deprived는 수동을 나타낸다.

　　3. is delayed (늦어진다)
　　　→ is는 현재임을, delayed는 수동을 나타낸다..

A2 〈was + 과거분사〉에서
　　　was는 시점이 과거를,
　　　　　(과거분사)는 수동을 나타낸다.

　　1. was used (사용되었다)
　　　→ was는 과거임을, used는 수동을 나타낸다.

　　2. were asked (질문을 받았다)
　　　→ were는 과거임을, asked는 수동을 나타낸다.

A3 will be educated (교육을 받을 것이다)
　　　→ will은 미래를,
　　　　be는 수동을 위해 형식상 쓰인 것이며,
　　　　educated는 수동을 나타낸다.

수동형 동사
긍정문/ 부정문/ 의문문

A1 수동형의 긍정은?　　be동사 + (과거분사)이다.

A2 수동형의 부정은?　　be동사 뒤에 not을 쓴다.
　　　　　　　　　　　조동사가 있으면　조동사 뒤에 not을 쓴다.

A3 수동형의 의문은?　　be동사를 〈주어〉 앞에 놓는다.
　　　　　　　　　　　조동사가 있으면　조동사를 〈주어〉 앞에 놓는다.

✓ move(..움직이다) 동사의 현재수동형 긍정/ 부정/ 의문

인칭	수	격	주격	현재수동/긍정	현재수동/부정	현재수동/의문
1	단수		I	am moved	am ☐ moved	→ ☐ I moved?
	복수		We	are moved	☐ not moved	→ ☐ we moved?
2	단수		You	are moved	are ☐ moved	→ ☐ you moved?
	복수		You	are moved	are ☐ moved	→ ☐ you moved?
3	단수	남성	He	is moved	☐ not moved	→ ☐ he moved?
		여성	She	is moved	is ☐ moved	→ ☐ she moved?
		중성	It	is moved	is ☐ moved	→ ☐ it moved?
	복수		They	are moved	☐ not moved	→ ☐ they moved?

✓ move(..움직이다) 동사의 과거수동형 긍정/ 부정/ 의문

인칭	수	격	주격	과거수동/긍정	과거수동/부정	과거수동/의문
1	단수		I	was moved	was ☐ moved	→ ☐ I moved?
	복수		We	were moved	☐ not moved	→ ☐ we moved?
2	단수		You	were moved	were ☐ moved	→ ☐ you moved?
	복수		You	were moved	☐ not moved	→ ☐ you moved?
3	단수	남성	He	was moved	was ☐ moved	→ ☐ he moved?
		여성	She	was moved	☐ not moved	→ ☐ she moved?
		중성	It	was moved	was ☐ moved	→ ☐ it moved?
	복수		They	were moved	☐ not moved	→ ☐ they moved?

✓ move(..움직이다) 동사의 미래수동형 긍정/ 부정/ 의문

인칭	수	격	주격	미래수동/긍정	미래수동/부정	미래수동/의문
1	단수		I	will be moved	will ☐ be moved	→ Will I ☐ moved?
	복수		We	will be moved	will not ☐ moved	→ Will we ☐ moved?
2	단수		You	will be moved	will not ☐ moved	→ Will you ☐ moved?
	복수		You	will be moved	will not ☐ moved	→ Will you ☐ moved?
3	단수	남성	He	will be moved	will not ☐ moved	→ Will he ☐ moved?
		여성	She	will be moved	will ☐ be moved	→ Will she ☐ moved?
		중성	It	will be moved	will not ☐ moved	→ Will it ☐ moved?
	복수		They	will be moved	will not ☐ moved	→ Will they ☐ moved?

이것은 익혀야 한다.

[타동사는 수동태 동사가 된다]

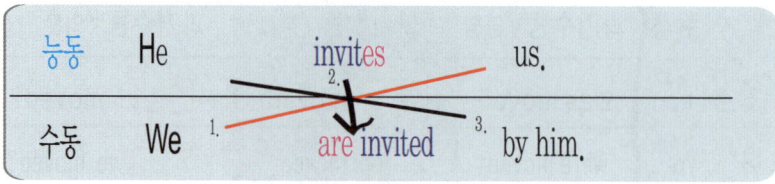

1. 능동태의 목적어는 수동태의 주어가 된다.

2. **타동사의 과거분사는 수동태 동사가 된다.**
   수동태동사의 기본형은 〈be + 과거분사〉이다.

3. 능태의 주어는 (by+목적격) 형식으로 수동태동사 뒤로 간다.
   이때 (by+목적격) 형식은 자주 생략된다.
   수동태 동사에서 **행위자는 중요하지 않기 때문**이다.

[기본형 시제 능동태와 수동태]

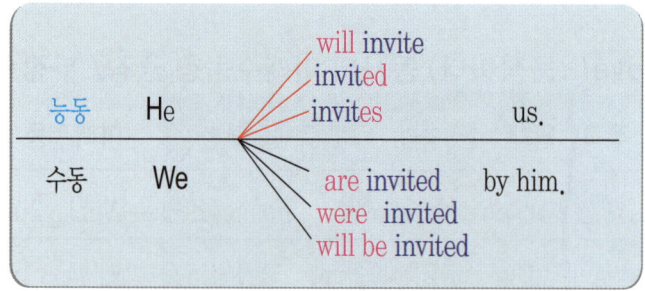

능동태는 주어가 행위를 하는 주체이다.

수동태는 주어가 행위를 받는 객체이다.

조사한 자료에 **의하면,**
영어에선 30% 정도가 **수동**으로 표현되며
사용빈도는
〈과학논문 → 신문 → 소설 → 회화〉의 순서로
낮아진다고 한다.

흔히 학교 수업에서 이런 경험을 했을 것이다.
능동태 문장과 수동태 문장을 서로 바꾼다.
이런 연습 때문에 의미가 서로 같다고 착각할 수 있다.

그러나 사실은
능동태와 수동태는 서로 같은 표현이 아니다.
무엇에 초점을 두느냐에 따라
능동을 쓰거나 수동을 쓴다.

[타동사라도 수동태로 할 수 없는 동사가 있다]

have (가지다),
　resemble (닮다),
　　lack(부족하다),
　　cost (비용이 들다)

이 동사들은 타동사이지만 수동태로 할 수 없다.
이유는?
수동태 동사는 **주어를 강조하는 것**이다.
그런데 이런 타동사는
수동태 동사로 써도 〈주어〉가 **강조되지 않는다.**
행위자가 드러나지 않기 **때문이다.**

131

질문2

과거분사는 ✓어디에 쓰나요?

−과거분사는 완료형 동사에 쓰인다.

어떤 일이든 시작이 있으면 끝이 있다.

완료형 동사는 시작과 끝을 나타낸다.

완료형 동사의 기본형은
〈have동사 + 과거분사〉이다.

have는 기준시점이 현재이고,

가지고 있다는 것이다.

뭘 가지고 있냐고? 과거분사를

〈과거분사〉는 이전 상황을 나타낸다.

과거분사는 완료형 동사에 쓰인다.

〈have동사 + 과거분사〉는 .

이전 상황을 현재까지 가지고 있는 것이다.

A1 I have lost my key. 이 문장의 뜻을 보자.

have lost의 have는 기준시점이 현재이고,

lost는 〈이전 상황〉을 나타낸다.

따라서 〈열쇠를 잃어버린 상황이 현재까지라서〉
현재 열쇠가 없다.

[have동사 + 과거분사]

A2 〈has + 과거분사〉 형식의 동사는
〈기준시점 + 이전 상황〉을 나타낸다.

□1 **has had**
→ 〈has + 과거분사〉에서
has는 현재까지,
(과거분사)는 이전 상황을 나타낸다.

□ 그는 안락한 생활을 해왔습니다.
→ He ☐ had an easy life.

□2 **had watched**
→ 〈had + 과거분사〉에서
had는 과거까지,
(과거분사)는 이전 상황을 나타낸다.

□ 나는 잠들기 전에 비디오를 봤다.
→ I ☐ watched / the video
/ before I went to bed.

□3 **will have cleaned**
→ 〈will have + 과거분사〉에서
will은 미래까지,
(have + 과거분사)는 이전 상황을 나타낸다.

□ 그들이 도착하기 전에, 우리는 집을 깨끗하게 치울 것이다.
→ Before they arrive, we ☐ have cleaned up the house.

133

완료형 동사
긍정문/ 부정문/ 의문문

A1 완료형의 긍정은?   have동사 + (과거분사)이다.

A2 완료형의 부정은?   have동사 뒤에 not을 쓴다.
　　　　　　　　　　　조동사가 있으면 조동사 뒤에 not을 쓴다.

A3 완료형의 의문은?   have동사를 〈주어〉 앞에 놓는다.
　　　　　　　　　　　조동사가 있으면　조동사를 주어 앞에 놓는다.

 use(..사용하다) 동사의 현재완료형 긍정/ 부정/ 의문

인칭	수	주격	현재완료/긍정	현재완료/부정	현재완료/의문
1	단수	I	have used	have ☐ used	→ Have I used?
1	복수	We	have used	have ☐ used	→ ☐ we used?
2	단수	You	have used	have ☐ used	→ ☐ you used?
2	복수	You	have used	have ☐ used	→ ☐ you used?
3	단수 남성	He	has used	☐ not used	→ ☐ he used?
3	단수 여성	She	has used	☐ not used	→ ☐ she used?
3	단수 중성	It	has used	☐ not used	→ ☐ it used?
3	복수	They	have used	☐ not used	→ ☐ they used?

✓ use(..사용하다) 동사의 과거완료형 긍정/ 부정/ 의문

인칭	수		주격	과거완료/긍정	과거완료/부정	과거완료/의문
1	단수		I	had used	had ☐ used	→☐ I used?
	복수		We	had used	had ☐ used	→☐ we used?
2	단수		You	had used	had ☐ used	→☐ you used?
	복수		You	had used	had ☐ used	→☐ you used?
3	단수	남성	He	had used	☐ not used	→☐ he used?
		여성	She	had used	had ☐ used	→☐ she used?
		중성	It	had used	☐ not used	→☐ it used?
	복수		They	had used	had ☐ used	→☐ they used?

✓ use(..사용하다) 동사의 미래완료형 긍정/ 부정/ 의문

인칭	수		주격	미래완료/긍정	미래완료/부정	미래완료/의문
1	단수		I	will have used	will ☐ have used	→Will I ☐ used?
	복수		We	will have used	will not ☐ used	→Will we ☐ used?
2	단수		You	will have used	will not ☐ used	→Will you ☐ used?
	복수		You	will have used	will not ☐ used	→Will you ☐ used?
3	단수	남성	He	will have used	will not ☐ used	→Will he ☐ used?
		여성	She	will have used	will not ☐ used	→Will she ☐ used?
		중성	It	will have used	will not ☐ used	→Will it ☐ used?
	복수		They	will have used	will not ☐ used	→Will they ☐ used?

서술동사의 확장은 규칙이다!

아무리 긴 서술동사라도 동사원형부터 시작한다.
서술동사가 길어질 때는
놓이는 순서와 형태가 있다.

능동동사
미래성조동사 〉 have동사〉 be동사〉 일반동사

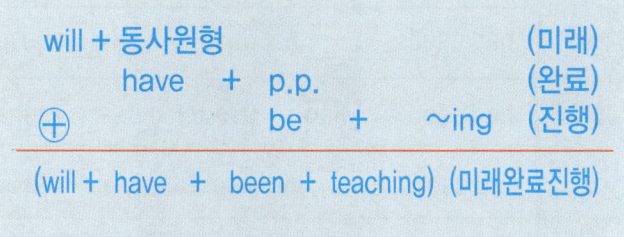

will은 기준시점이 미래임을
have been은 먼저 일어난 시간 흐름을
~ing는 행위의 진행을 의미한다.
따라서 〈미래까지 시간흐름과 진행을〉 나타낸다.

숙제 아래 서술동사에서 동사원형을 꺼내보자.
진행동사도 / 완료동사도 / 완료진행동사도 꺼내자.

☐1. have been sneezing (현재 완료 진행)
→ (⬜까지 시간흐름과 진행)

☐2. had been installing (과거 완료 진행)
→ (⬜까지 시간흐름과 진행)

☐3. will have been trying (미래 완료 진행)
→ (⬜까지 시간흐름과 진행)

수동동사

미래성조동사 〉 have동사〉 be동사〉 일반동사

```
    will + 동사원형                    (미래)
          have  +  p.p.              (완료)
 ⊕              be  +  p.p.          (수동)
 (will + have + been + used) (미래완료수동)
```

will은 기준시점이 미래임을
have been은 먼저 일어난 시간 흐름을
p.p.는 수동을 나타낸다.
따라서 〈미래까지 시간흐름과 수동〉을 나타낸다.

☐1. **have been widely used** (널리 이용되어져 왔다)
 → have는 현재임을,
    been은 완료형 수동을 나타내기 위해,
       widely는 부사로 일반동사 앞에 끼어들었다.
    used는 수동을 나타낸다.

☐2. **had been collected** (수집되어져 왔다)
 → had는 과거임을,
    been은 완료형 수동을 나타내기 위해,
    collected는 수동을 나타낸다.

☐3. **will have been done** (완료되어질 것이다)
 → will은 미래를,
    have는 완료를 나타내기 위해 형식상 쓰인 것이다.
    been은 완료형 수동을 나타내기 위해,
    done은 수동을 나타낸다.

[현재완료와 과거의 차이]

영어는 〈현재완료〉와 〈과거〉를 구분한다.
그들의 문화와 사고 방식을 이런 구분에서 엿볼 수 있다.

✓ 〈현재완료〉는
기준 시점이 현재이고 시간의 흐름을 나타낼 때 쓴다.
따라서 반드시 현재와 연결해서 이해하자.

　　I have lived in Hawaii for 5 years.
　　　　(I still live in Hawaii.)

✓ 〈과거〉는
기준 시점이 과거일 때 쓴다.
따라서 현재와 연결해서는 안된다.

　　I lived in Hawaii for 5 years.
　　　　(I no longer live in Hawaii.)

[현재완료와
　　　　현재완료진행의 차이]

Let's see the difference of the present perfect and the present perfect continuous.

둘 다 〈시간흐름〉을 나타내지만

✓ 현재완료는 현재까지 발생한 결과에 중점을 둔 표현이다.
　I [have] [painted] the ceiling white for two hours.
　칠하기 전이 검은색이었다면
　　　　　　현재는 흰색만 보인다.

✓ 현재완료진행은 현재까지 계속된 행위나 행위가 끝난 순간을 표현한다.
　I [have] [been] [painting] the ceiling white for two hours.
　칠하기 전이 검은색이었다면
　　　　　　아직도 흰색을 칠하고 있어서 검은색이 보인다.

[진행형 능동과 진행형 수동을 알자]

Let's see the progressive active tense and the progressive passive tense.

A1 〈진행형수동〉은 (be + being + p.p.)이다.
진행형(be+~ing)과
수동형(be+p.p.)의 의미를 함께 나타낸다.

```
    be + ~ing          (진행)
⊕      be   + p.p.     (수동)
───────────────────────────────
  (be + being  + p.p.  (진행수동)
```

A2 be동사는 주어의 인칭과 수에 따라
현재이면 (am, are, is)
과거이면 (was, were)
미래이면 (will be)를 알맞게 골라 쓴다.

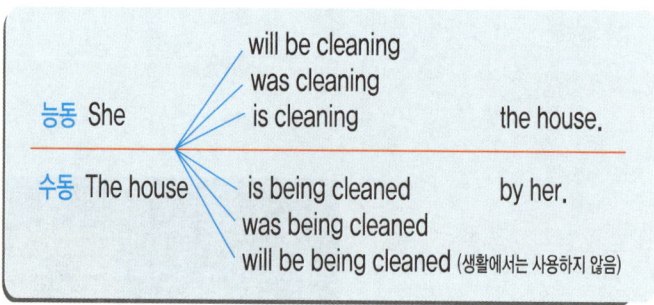

능동 She / will be cleaning / was cleaning / is cleaning / the house.

수동 The house / is being cleaned / was being cleaned / will be being cleaned (생활에서는 사용하지 않음) / by her.

☐1. **is being teased** (놀림을 당하고 있다)
→ is는 현재임을,
　　being은 진행을,
　　　　teased는 수동을 나타낸다.

☐2. **was being recorded** (녹음되어지고 있었다)
→ was는 과거임을,
　　being은 진행을,
　　　　recorded는 수동을 나타낸다.

☐3. **were being forced** (강요되어지고 있었다)
→ were는 과거임을,
　　being은 진행을,
　　　　forced는 수동을 나타낸다.

확인

이런 서술동사 표현은 없다.
→ 바른 표현으로 써 보자.

1. ~~are being serve~~
→ are being _____

2. ~~were being serve~~
→ were being _____

[완료형 능동과 완료형 수동을 알자]

Let's see the perfect active tense and the perfect passive tense.

A1 〈완료형수동〉은 (have + been + p.p.)이다.
완료형(have+p.p.)과
수동형(be+p.p.)의 의미를 함께 나타낸다.

```
    have +       p.p.      (완료)
⊕         be  + p.p.       (수동)
   ─────────────────────────────
   (have + been + p.p.)    (완료수동)
```

A2 have동사는 주어의 인칭과 수에 따라
현재이면 (have나 has)
과거이면 (had)
미래이면 (will have)로 쓴다.

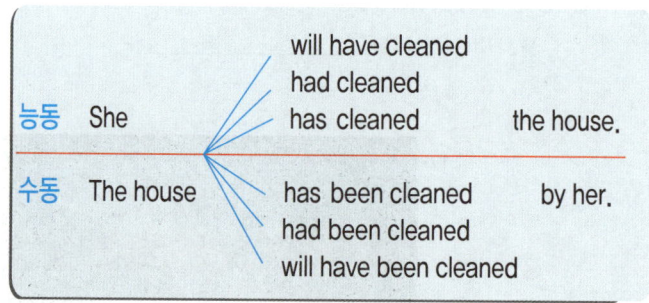

| 능동 | She | will have cleaned / had cleaned / has cleaned | the house. |
| 수동 | The house | has been cleaned / had been cleaned / will have been cleaned | by her. |

확인

이런 서술동사 표현은 없다.
→ 바른 표현으로 써 보자.

1. ~~have was~~
   → have _____

2. ~~has has~~
   → has _____

3. ~~had did~~
   → had _____

4. ~~will has went~~
   → will _____ _____

5. ~~have be used~~
   → have _____ _____

6. ~~had be left~~
   → had _____ _____

1세대동사

어떤 언어든지
동사를 꿰뚫어 볼 수 있는 능력이 있어야
비로소 그 언어 감각이 생긴다.
1세대동사는 주어가 필요한 서술동사이다.

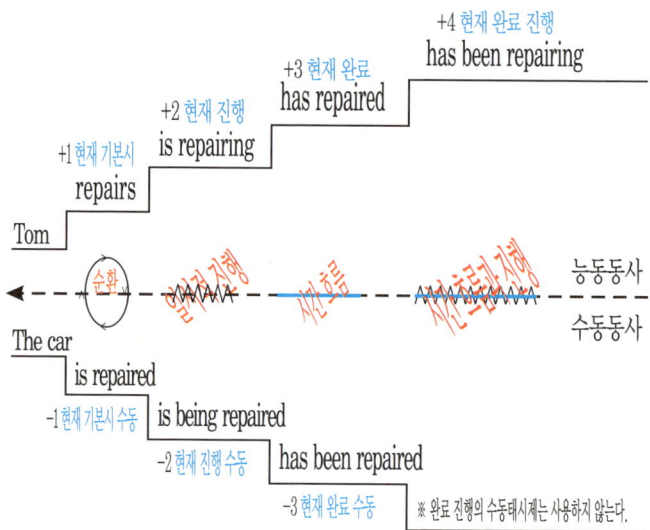

기억

be동사 대신 get동사를 쓰는 것도 알자.
이것은 비격식이지만
동작에 중점을 더 주고자 할 때 실생활에서 많이 쓰인다.

- 1. get married （현재 수동 ）
- 2. got arrested （과거 ）
- 3. will get used to （미래 수동 ）

1세대동사를 꿰뚫자

아래 1세대 한정동사의
⟨시간적 의미⟩와
⟨공간적 의미⟩를 말해 보자.

- 1. were asked (과거에서 수동)
- 2. will be educated (미래 에서 수동)
- 3. has been walking (현재 까지 시간 흐름과 진행)
- 4. is being used (현재에서 진행　)
- 5. had been called (과거까지 시간 흐름과 수동)

- 6. had been (　까지 시간흐름)
- 7. was quite badly injured (　수동)
- 8. haven't resolved (현재 까지 시간흐름)
- 9. am being falsely accused (현재　수동)
- 10. has been checked (현재까지 시간 흐름과　)

- 11. will be playing (미래　)
- 12. was very closely observed (과거　)
- 13. will be developed (미래　)
- 14. had been badly burned (과거까지 시간 흐름과 수동)
- 15. is currently being served (현재 진행　)
- 16. was being established (과거 진행　)
- 17. had been widely used (과거까지 시간 흐름과　)
- 18. had been roughly treated (과거까지 시간 흐름과 수동)

2세대동사

to + 동사원형 / 동사원형+ing

일반적으로
(to+동사원형)과 (동사원형+ing)는
(준동사)라 하는 용어로 학습해 왔다.
동사에 준한다는 뜻이다.

그러나 (준동사)라는 용어가 애매하다.
모호한 용어를 억지로 가르치고 배우기 때문에
평범한 우리는 영어를 더 어렵게 배운다.
이젠 준동사가 아닌
1세대 서술동사에서 나온
2세대동사로 이해하자.
1세대 부모에게서 2세대 자식이 나온 것이다.
따라서
하나의 문장에 몇 개가 나와도 상관이 없는
(비한정동사)이다.

기억

A1 (to+동사원형)과 (동사원형+ing)는

문장에서 명사로 쓰인다.
문장에서 형용사로 쓰인다.
문장에서 부사로 쓰인다.

또한

A2 (to+동사원형)과 (동사원형+ing)는
동사출신이라서

〈의미상주어〉를 가지고,
필요에 따라 (목적어)나 (보어)를 요구한다.
물론 (부사) 역할의 수식도 받는다.

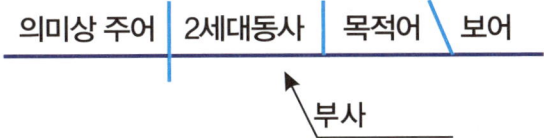

A3 (to+동사원형)과 (동사원형+ing)는 동사
출신이라서 〈능동〉과 〈수동〉이 있다.

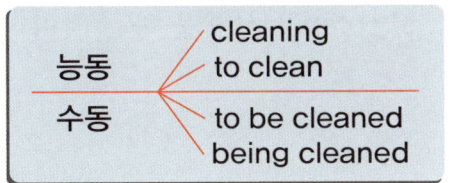

✓ 동사가 명사 / 형용사 / 부사로도 쓰이면
그만큼 어휘가 풍부해진다.
그러나 영어가 모국어가 아닌 우리들에게
2세대동사는 상대적으로 어렵다.

 **(to+동사원형)의 쓰임을 알자.**

A1 (to + 동사원형)이 명사로 쓰인다는 것은?
　　　　　명사 역할을 한다는 것이다.

　・1. 따라서 **주어자리에 쓰인다.**
　　　산책을 하는 것은 is good for the health.
　　→ _____

　・2. 따라서 **목적어자리에 쓰인다.**
　　　I decided 산책할 것을.
　　→ _____

　・3. 따라서 **동격보어자리에 쓰인다.**
　　　My plan is 산책을 하는 것이다.
　　→ _____

A2 (to + 동사원형)이 형용사로 쓰인다는 것은?
　　　　　형용사 역할을 한다는 것이다.

　・1. 따라서 **명사를 꾸민다. (뒤에서 꾸민다)**
　　　I have no time 산책할.
　　→ _____

　・2. **서술보어자리에서 쓰인다.**
　　　I am 산책을 할 것이다.
　　→ _____

A3 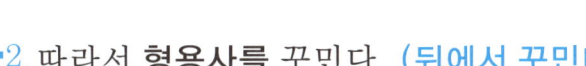(to + 동사원형)이 부사로 쓰인다는 것은?
　　　　　부사 역할을 한다는 것이다.

- 1. 따라서 **동사**를 꾸민다. (뒤에서 꾸민다)
　　We went out 산책을 하기 위해
　　→ _____

- 2. 따라서 **형용사**를 꾸민다. (뒤에서 꾸민다)
　　She was anxious 산책하기를
　　→ _____

- 3. 따라서 **부사**를 꾸민다. (뒤에서 꾸민다)
　　He is old enough 산책을 할 수 있는
　　→ _____

- 4. 따라서 **문장**을 꾸민다.
　　산책하기위해, I got up early.
　　→ _____

 문장을 수식하는 부사는
대체로 문장 앞에 놓인다.
그러나 말하는 사람에 따라
여러 이유로 부사의 자리는 달라 질 수 있다.

 **(동사원형+ing)의 쓰임을 알자.**

A1 (동사원형+ing)가 명사로 쓰인다는 것은?
　　　　명사 역할을 한다는 것이다.

　1. 따라서 **주어자리**에 쓰인다.
　　산책을 하는 것은 is good for the health.
　　→ _____

　2. 따라서 **목적어자리**에 쓰인다.
　　I enjoy 산책하는 것을
　　→ _____

　3. 따라서 **동격보어자리**에 쓰인다.
　　My plan is 산책을 하는 것이다.
　　→ _____

A2 (동사원형+ing)가 형용사로 쓰인다는 것은?
　　　　형용사 역할을 한다는 것이다.

　1. 따라서 **명사를 꾸민다.**
　　　　a sleeping baby
　　　　a moving story
　　　　an amazing woman
　　　　a satisfying grade
　　　　some breaking news
　　　　an exciting text message

▪2. 서술보어자리에 쓰인다.
   더 확실하게 말하면, 진행형 동사로 쓰인다.

   1. 산책을 하고 있다.
      ▶ _____

   2. 자고 있어요. (sleep)
      ▶ _____

My baby is 3. 옷을 입는 중이이에요. (get dressed)
      ▶ _____

   4. 밖에서 뛰어다니고 있어요. (run outside)
      ▶ _____

   5. 내게 오고 있다. (come to)
      ▶ _____

A3 (동사원형+ing)가 부사로 쓰인다는 것은?
부사 역할을 한다는 것이다.

그러나

(동사원형+ing)가 부사 역할을 하는 것은
오직 문장 수식을 할 때이다.

Speaking of which,
말이 나왔으니 말인데,

how about watching a movie?
영화 보는 거 어때?

151

왜?
문장에 동사가 둘이야?

지각동사란?

see (보다),
watch (주의하여 보다),
look at (의도적으로 보다),
hear (듣다),
listen to (의도적으로 듣다),
feel (느끼다) 등은

주변 환경에 우리 몸이 바로 반응하는 감각 동사이다.

일반적으로 (지각동사)라 한다.

원형 부정사란?

(to+동사원형)에서 to없이 (동사원형)만 쓰는 것을 말한다.
to없이 쓰는 이유가 뭘까?
〈동시성〉을 나타내기 때문이다.

Can you feel
the wind blow?

feel과 blow는 동시에 발생한 것이다.

이처럼
지각동사와 쓰인 또 다른 동사는 서로 동시성을 나타낸다.

따라서 원형부정사를 취한다.

사역동사란?

make (강제로) ..영향을 주다, ..하게 하다,
have (의뢰로) ..하게 하다, ..하게 시키다,
let (허락해서) ..하게 하다,
help (도움을 주어) ..하게 하다,

이 동사들은 누군가에게 무언가를 하게 하는 동사이다.

일반적으로 (사역동사)라 한다.

Let me go.

이 말은 〈나를 가게 해!〉 뜻으로
(나를 막을 때) 비켜! (나를 잡을 때) 놔! 뜻이다.

(You)	Let	me	go.
주어	서술동사	목적어	보어

Let과 go가 동시에 발생한다.

이처럼
사역동사와 쓰인 또 다른 동사는 서로 동시성을 나타낸다.

따라서 원형부정사를 취한다.

기억1 help를 기억하자.

help는 **목적어나 목적격 보어**에
⟨to부정사⟩나 ⟨원형부정사⟩ 둘 다 사용할 수 있다.

그렇긴 하나 help도 ⟨원형부정사⟩를 쓰는 것이 더 일반적인 경향이다.

■ 1. Positive thinking **helps**
　　　　　　　　　　(to) **reduce** stress.

■ 2. Positive thinking **helps** us
　　　　　　　　　　(to) **reduce** stress.

기억2 지각동사, 사역동사의 수동태는 (to 부정사)를 쓴다.
　　to가 살아난 이유는?
　　동시성이 사라진 것도 이유고,
　　동사가 겹치게 되는 것도 이유다.

참고로 let과 have는 수동태 동사로 쓰지 않는다.

■ 1　I **saw** her **smile**.

　☞ She was **seen**
　　　　　　(to smile, smile) by me.

■ 2　I only did it
　　　　because they **made** me do it.

　☞ I only did it
　　　　because I was **made** (to do, do) it.

기억3

분사가 명사 뒤에서 수식을 할 때는
〈분사〉가 동사 성질을 가지고 쓰일 때이다.

동사 성질이란?
필요에 따라 (목적어)나 (보어)를 요구한다.
또한 (부사)의 수식도 받는다.

□1　The man reading a newspaper is my uncle, Joe.
　　　　　　　형용사
　　　　　　　2세대동사　　목적어

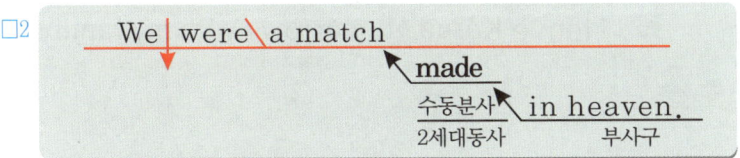

□2　We were a match made in heaven.
　　　　　　　　　　수동분사
　　　　　　　　　　2세대동사　　부사구

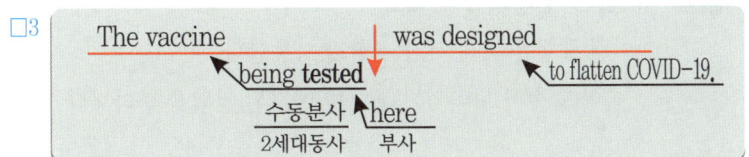

□3　The vaccine being tested here was designed to flatten COVID-19.
　　　　　　수동분사　　부사
　　　　　　2세대동사

이게 왜 미래야?
겉과 속이 다르다.

겉모양과 속뜻이 다른 서술동사를 경험하자.

A1 　**현재형이 예정된 미래**를 나타낸다.
　　　이런 표현은 미래 부사와 함께 사용한다.
　　　이미 약속이 되어있거나 이미 예정된 것임을 나타낸다.

- 1. I'll phone you after I arrive.

- 2. I leave Korea / tomorrow / with my family.

A2 　**진행형이 예정된 미래**를 나타낸다.
　　　이런 표현은 미래 부사와 함께 사용한다.
　　　이미 약속이 되어있거나 이미 예정된 것임을 나타낸다.

- 1. I am leaving Korea / tomorrow.

- 2. I am eating out / this evening / with my family.

이것도 미래야?

참고

be going to 동원,
be about to 동원,
be supposed to 동원은 **예정된 미래**로 생활에서 주로 쓴다.

(going), (about), (supposed) 등등이 생략된
be ⟨to +동사원형⟩도 **예정된 미래**를 나타낸다.

be동사 다음에 오는 ⟨to +동사원형⟩은
본질적으로 미래적인 의미를 나타낸다.

be동사 다음에 오는 ⟨to +동사원형⟩은
대체로 공식적인 예정이나 계획 등과 관련하여
주로 언론 매체 등등에서 사용한다.

- 1. The six leaders are to meet in Hawaii.

- 2. The concert is to be held this evening.

- 3. The Prime Minister is to arrive in Seoul this evening.

언어는 경험이다.

들어라
Listen

and you will speak.

따라하라
Repeat

and you will master English.

기억하라
Remember

and the world will be opened to you.

네가 좋아할 거라 생각했어.
I thought you'd like it.

I thought you will like it.
영어는 이렇게 안 쓴다.

과거에서 미래는
 will / shall / can / may는 쓰지 않는다.

과거에서 미래심리는
 would / should / could / might을 쓴다.
그렇다고 시제가 과거가 아니다.
과거도 아닌 것을 흔히 조동사의 과거라고 할까?

그것은 시제일치 때문이다.

시제일치란?
주절 동사가 과거이면 종속절 동사도 (과거형)을 쓴다.
- 1. I know that she will be happy.
  I knew that she _____ be happy.

- 2. I hope that he will get well soon.
  I hoped that he _____ get well soon.

시제일치의 예외도 있다.
주절 동사가 과거라도 종속절 시제가 영향을 받지 않는다.
- 1. 일반적인 진리는 예외이다.
  He told / that honesty is the best policy.

- 2. 현재의 습관이나 지속적인 사실은 예외이다.
  He said to me / that he jogs every morning.

이것은 외워야 한다.

의문대명사로 물어봐!

명사를 대신하여 묻는 **의문대명사**가 있다.
who는 사람이 궁금할 때 '누군지' 묻는다.
who는 〈주격-소유격-목적격〉으로 격변화를 한다.
〈who-whose-whom〉

또한 사람이나 사물이 궁금할 때
what은 '무엇인지', which는 '어느것인지' 묻는다.

A1 주어가 궁금할 때는 주격을 쓴다.
명사를 꾸미면 소유격을 쓴다.

1. 누가 그것을 했니?
   → _____ did that?

2. 누가 내 옷을 만졌느냐?
   → _____ touched my clothes?

3. 화재의 원인이 뭐야?
   → _____ caused the fire?

4. 누가 선출될까?
   → _____ can ____ elected?

5. 그것들 중에서 어느 것이 더 낫니?
   → _____ of them is better?

A2 목적어가 궁금할 때는 목적격을 쓴다.

▪1 너는 무엇을 했니?
_____ did you do?

▪2 무엇을 할 수 있죠?
_____ can we do?

▪3 누가 더 좋아?
_____ do you like better?

▪4 무엇을 만들었어 / 어젯밤?
_____ did you make / last night?

▪5. 우리 어떡하지?
→ ☐ will we do?

▪6. 너는 누구를 봤니?
→ ☐ did you see?

▪7. 누구한테 얘기하는 거예요?
→ Who(m) ☐ you talking to?

▪8. 뭘 기다리는 거야?
→ ☐ are you waiting for?

161

A3 보어가 궁금할 때는 who, whose 또는 what을 쓴다.

- 1 이건 누구 거야?
  → _____ is this?

- 2 그는 누구야 직업은 무엇이냐?
  → _____ is he and _____ is his job?

- 3 그게 정확히 무엇인가요?
  → _____ exactly is it?

- 4. 누구세요?
  → ☐ is it?

- 5. 그게 뭐에 관한 거였니?
  → ☐ was it about?

- 6. 내가 보고 있는 저 소녀는 누구일까?
  → ☐ is that girl I see?

A4 한국어 뜻에 따라 영어로 말하자.

says that? 누가 그래?
1. _____

is ready? 누가 준비됐어?
2. _____

is winning? 누가 이기고 있어?
3. _____

made this? 이거 누가 만들었어?
4. _____

wants to know? 궁금한 사람?
5. _____

knows? 누가 알아요? 혹시 알아?
6. _____

took my bag? 누가 가방을 가져갔지?
7. _____

will drive the car? 누가 그 차를 운전할까?
8. _____

makes you think so? 왜 그렇게 생각해요?
9. _____

happened to me? 저 어떻게 된 거예요?
10. _____

makes you angry? 뭐가 널 화나게 하니?
11. _____

is wrong with your socks? 너 양말 왜 그래?
12. _____

do you think he is? 그가 누구인지 생각나?
13. _____

is going on? 무슨 일이지?
14. _____

is in here? 여기에 뭐가 들은 거야?
15. _____

묻는 감각을 키우자

대화는 대체로 질문으로 시작한다.
내가 물을 수 없다면, 대화를 시작할 수 없다.
나는 영어로 물을 수 있는가?

- 1. 이게 필요한 사람?
  → ☐ anyone need this?

- 2. David, 너 감기 걸렸니?
  → David, ☐ ☐ catch a cold?

- 3. 너 제정신이니?
  → ☐ you out of your mind?

- 4. 무엇을 하세요 / 몸 관리를 위해?
  → ☐ do you do / to stay in shape?

- 5. 오늘 열쇠를 잃어버렸니?
  → ☐ ☐ lose your keys today?

- 6. 너는 그것이 진짜 괜찮다고 생각한 거야?
  → ☐ you actually think it was good?

어떻게 시작할까?

질문을 할 때, 어떻게 뒤에 올 내용을 알고
be동사, do동사, 조동사, 의문사로 시작하는 걸까?
그것은 반복되는 경험에서 오는 언어적 직감이다.
따라서 훈련이 필요하다.

- 1. 왜 네가 여기 있는 거야?
  → ☐ ☐ you here?

- 2. 오늘 나 어떻게 보여?
  → How do ☐ look today?

- 3. 언제 그가 돌아올까요?
  → ☐ do ☐ expect him back?

- 4. 어떻게 그렇게 친절할 수 있니?
  → ☐ can you be so ☐ ?

- 5. 소음을 줄일 수 있는 방법이 있나요?
  → ☐ ☐ any way to reduce noise?

- 6. 그런 건 어디서 배웠어?
  → ☐ ☐ you learn how to do that?

문장은 만드는 것이다

이런 실험을 했다.
특정한 그림을 여러 사람에게 보여주고
그 그림을 글로 묘사하라는,
그런데 같은 문장으로 쓴 글은 없었다.
이 실험에서 알 수 있듯
같은 내용이지만 전하는 방식은 다를 수 있다.
문장은 일정한 틀을 근거로 만들어지는 창조다.

- 1. 여기 무슨 일이요?
  → 무슨 일로 여기 오셨어요?
  → 왜 여기 오셨어요?

  → ☐ brings you here?
  → What brought ☐ here?
  → Why ☐ you come here?

- 2. 얼마나 오래 그들은 머무는데?
  → 얼마나 오래 그들은 머물 건가요?

  → How long ☐ their stay?
  → How long ☐ they staying?
  → How long ☐ they stay?
  → How long will they ☐ staying?
  → How long ☐ they going to stay?

아래에 있는 영어 단어만 알아도 많은 문장을 만들어 말할 수 있다.

I, you, that, work, do, did, can, hard, why, where

1. 나는 저것을 했다.
→ _____

2. 나는 왜 저것을 했지?
→ _____

3. 너는 열심히 일을 했니?
→ _____

4. 너는 어디서 일을 하니?
→ _____

5. 왜 일을 열심히 하세요?
→ _____

6. 너는 저것을 할 수 있니?
→ _____

7. 나는 어디서 저것을 할 수 있나요?
→ _____

잠깐

how는 〈how 형용사〉
또는 〈how 부사〉로
'얼마나' 또는 '몇'을 물을 수 있다.
셀 수 있는 명사의 수는 how many,
셀 수 없는 명사의 양은 how much,
시간의 길이는 how long,
거리의 길이는 how far,
얼마나 자주는 how often,
얼마나 빨리는 how soon,
얼마나 늦게는 how late 등으로 묻는다.

■1. 얼마나 자주 영화 보러 가니?
  → ☐ ☐ ☐ you go to the movies?

■2. 일 년은 몇 개월 입니까?
  → ☐ ☐ months ☐ there in a year?

■3. 우리에게 남은 시간은 얼마나 되지?
  → ☐ ☐ time do we have left?

■4. 그것을 얼마나 빨리 끝내길 원하십니까?
  → ☐ ☐ ☐ you want me to finish it?

■5. 몇 살이라고 생각하니 / 그녀는?
  → ☐ ☐ do you suppose ☐ ☐ ?

■6. 얼마나 여기에 있었나요 / 내가 올 때까지?
  → ☐ ☐ ☐ you been here
       till I came back?

의문형용사란?

의문대명사 what 또는 which가 명사를 수식하면 형용사 역할이다. 이것을 〈의문형용사〉라 한다.

▪1 어느 길로 가죠?
　_____ way do I go?

▪2 무슨 색깔이 나한테 좋아보여?
　_____ color looks good on _____ ?

▪3 어떤 게 더 빠르다고 생각해요?
　_____ one do you think ___ faster?

▪4 몇시가 제일 편해?
　_____ time is the best time for you?

▪5 어떤 종류의 일을 하고 싶으세요?
　_____ kind of job do you want?

▪6 어떤 물건들을 그녀가 훔쳤나요?
　What kinds of stuff_____ _____ steal?

비교를 할 때

영어는 형용사나 부사를 이용하여 비교를 한다.
비교는 〈원급 – 비교급 – 최상급〉이 있다.

같다 (원급)

A1 원급에는 **형용사나 부사 원형 그대로** 사용한다.

원급에는 as를 이용하여,
비교대상과 같다는 기준을 나타낸다.

I am tall.
I am as tall as you.

보다 낫다 (비교급)

A2 비교급은 **형용사나 부사에 –er를** 붙인다.

비교에는 than를 이용한다.
비교대상보다 더 낫다는 것이 비교급이다.

I am tall.
I am taller than you.

최고다 (최상급)

A3 최상급은 **형용사나 부사에 –est를** 붙인다.

이때 〈어디에서, 무엇에서〉 최상인지 한정하는 말이 최상급 뒤에 온다.
비교대상 중에서 최고라서 최상급에 the를 붙인다.

I am tall.
I am the tallest in our class.

비교의 변화에는

〈규칙변화〉와 〈불규칙변화〉가 있다.

규칙변화

① 대부분의 형용사나 부사 끝에 -er, -est를 붙인다.
- tall(키가 큰) - tall**er** - tall**est**
- soon(곧, 빨리) - soon**er** - soon**est**

② 형용사나 부사가 -e로 끝나면 -r, -st를 붙인다.
- wise(현명한) - wise**r** - wise**st**
- large(큰, 크게) - large**r** - large**st**

③ 자음+y로 끝나면 y를 i로 고친 후 -er, -est를 붙인다.
- busy(바쁜) - busi**er** - busi**est**
- happy(행복한) - happi**er** - happi**est**

④ 단모음+단자음으로 끝나면 자음을 하나 더 쓰고 -er, -est를 붙인다.
- hot(뜨거운) - hott**er** - hott**est**
- sad(슬픈) - sadd**er** - sadd**est**

⑤ 2음절 이상일 때는 -er 대신에 **more**를, -est 대신에 **most**를 붙인다.
- beautiful(아름다운) - **more** beautiful - **most** beautiful
- likely(할 것 같은) - **more** likely - **most** likely

불규칙변화

- good(좋은) /well(잘) - better - best
- bad(나쁜) - worse - worst
- many(수가 많은) /much(양이 많은) - more - most
- little(크기규모가 작은) - less - least
- late(늦은, 늦게)
  - later(나중에) - latest(최근의)
  - latter(후자의) - last(마지막의)
- far(먼, 훨씬)
  - farther(더 먼) - farthest(가장 먼)
  - further(한층 더) - furthest(가장 더)

비교의 강조 표현들

A1 비교를 강조할 때는 이런 단어들을 사용한다.

This is { a lot / so much / even } better than I expected.

A2 <the 비교급 (강조하는 말) + 주어+동사,
the 비교급 (강조하는 말) + 주어+동사>
(주어+동사)를 생략하고 간결하게 쓰기도 한다.

1. The more you do it,
   the easier it will become.

2. The sooner you start,
   the sooner it's over.

3. The sooner, the better.

4. 다다익선(多多益善)
   The more, the better.

173

Let's say anything in English!
무엇이든지 영어로 말해보자!

it so cold?
1. 왜 이렇게 춥지?
   →

your life going?
2. 너 사는 건 어때?
   →

the movie start?
3. 영화는 어떻게 시작합니까?
   →

☐ ☐ **my phone charger?**
4. 내 휴대폰 충전기 어딨어?
   →

you been?
5. 어떻게 지내고 있어?
   →

take out the trash?
6. 쓰레기 좀 내놔 줄래요?
   →

you trying to help me?
7. 왜 나를 도우려는 거야?
   →

더 강하게 묻다

부사가 있냐 없냐는,
말의 느낌과 맛에 차이를 줄 수도 있다.

네모를 채워 영어로 물어보자.

you even like me?
1. 도대체 날 왜 좋아하는 거야?
→ _____

ever think about retiring?
2. 은퇴에 대해서 생각해 본 적 있으신가요?
→ _____

always been like that?
3. 그는 항상(원래) 그랬어?
→ _____

☐ ☐ ever been on a diet?
4. 다이어트 해본 적 있어?
→ _____

you so obsessed with me?
5. 너 왜 그렇게 나한테 집착해?
→ _____

you still eating that?
6. 왜 아직도 그걸 먹고 있는 거야?
→ _____

ever had an upset stomach?
7. 한번이라도 배탈 난 적 있어?
→ _____

기억

과거에 대한 추측이나 유감
그리고 가정을 할 때 〈조동사+have+p.p.〉를 사용한다.

● 조동사 뒤에 오는 〈have + 과거분사〉는 과거를 뜻한다.

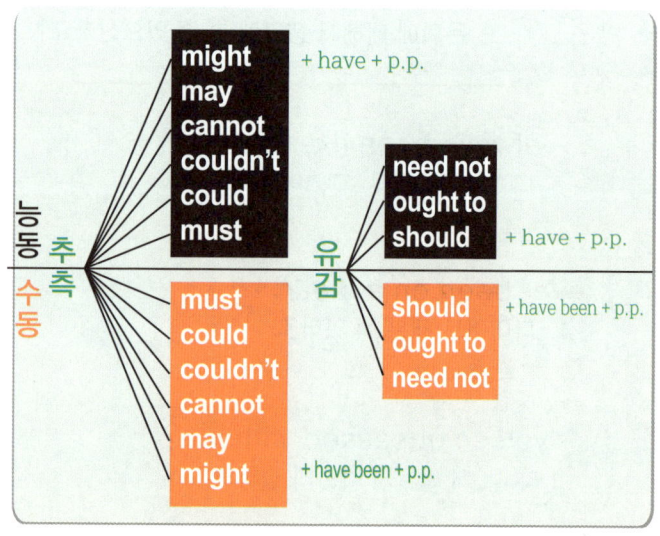

공부 좀 할걸.
I should have studied.

● 조동사 뒤에 오는 〈have + 과거분사〉 예문을 적어 보자.

☐1 난 정말 쉽게 바보가 될 뻔 했어요.
→ I would have [　　] very easily fooled.

☐2 넌 결코 태어나지 않았어야 하는데.
→ You should never [　　] been born.

☐3 난 그렇게 많은 음식을 요리할 필요가 없었는데.
→ I needn't [　　] cooked so much food.

☐4 그것은 누군가에 의해 치워졌음에 틀림 없다.
→ It must have [　　] taken away by somebody.

☐5 내가 상상했던 것 보다 훨씬 좋아.
→ It's better than I could [　　] imagined.

177

조건과 가정의 차이를 아는가?

If가 실현성이 있는 내용을 이끌면 조건이다.
　　If가 실현성이 없는 내용을 이끌면 가정이다.
가정법을 알자.
가정법은 실제가 아닌 심리적인 표현이다.

A1 현재를 가정하자.

현재를 가정할 때는, If절에서는 과거를 사용한다.
현재가 아닌 과거 시제를 사용하는 이유는
의도적으로 틀린 시제를 써서 실제가 아닌 〈가정〉을 알리기 위한 것이다.

If I were a bird, I would fly to you.

주절에서는 〈조동사의 과거형 +동사원형〉을 사용한다.

기억
　　would는 (의지) 심리 표현에,
　／should는 (의무) 심리 표현에,
　／could는 (가능성) 심리 표현에,
　／might은 (희박한 가능성) 심리 표현에 사용한다.

A2 과거를 가정하자.

과거를 가정할 때는, If절에서는 과거가 아닌 had + p.p.를 사용한다.
이렇게 엉터리 시제를 사용하는 이유는 〈가정〉을 알리기 위한 것이다.
주절에서는 〈조동사의 과거형 + have + p.p.〉를 사용한다.

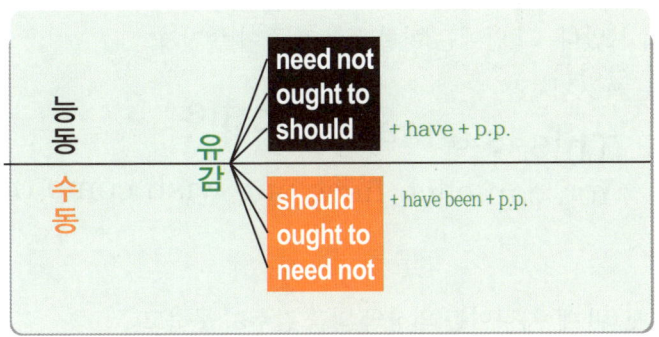

If I had known it earlier, I would have called you.
　　　　　　　　　　　　　I should have called you.
　　　　　　　　　　　　　I could have called you.
　　　　　　　　　　　　　I might have called you.

A3 미래를 가정하자.

미래를 가정할 때는, If절에서는 **should**를 사용한다.
If절 속의 **should**는 미래에 실현 가능성이 없다는 것을 나타낸다.

If I should be a bird, I would fly to you.

주절에서는 〈조동사의 현재형〉도 올 수 있고, 〈명령형〉도 올 수 있다.

If it should rain tomorrow, I will stay at home.

If he should call on me, tell her to wait.

소원을 빌 때는 wish를

세 명의 사나이가 난파하여 무인도에 살게 되었다. 어느 날 한 사나이가 해안에 떠있는 병을 발견하였다. 세 사나이는 그 병이 궁금하여 열어 보았다. 그 안에는 이렇게 쓰인 종이 쪽지가 있었다.

This is a magic bottle.
You can each have one wish come true!

첫 번째 사나이는 의심의 빛을 감추지 못하고, 그러나 흥분되어 중얼거렸다.

I wish I were with my family.

그러자 그 사나이는 그야말로 바람과 함께 사라졌다. 두 번째 사나이도 이렇게 외치자 사라졌다.

I wish I could be in Hawaii
and be surrounded by beautiful beaches.

세 번째 사나이는 혼자 남게 되자
갑자기 외롭고 쓸쓸했다.
그래서 I wish I knew where they are.
이렇게 말하고 싶었다.
그런데 이렇게 말했다.
I wish they were back here.

어쨌든,
이 세 사람 모두 wish라는 동사를 사용하고 있다.
wish는 '..하고 싶다' 라는
소원을 나타낼 때 사용한다.
다시 말해 소원은 가정이다.
따라서 wish 다음에는 **과거형 동사가 온다**.
결코 잊어서는 안된다.

I wish I am이 아닌
I wish I were ~

I wish I can이 아닌
I wish I could ~

I wish I know가 아닌
I wish I knew ~

2세대동사를 꿰뚫자

2세대 동사는
비한정동사로 기본형과 완료형이 있다.
또한 기본형과 완료형은 (능동)과 (수동)이 있다.
2세대동사를 꿰뚫어 볼 수 있는 능력이 있어야
비로소 영어의 독해 감각이 완성된다.

2세대 비한정동사의 분류

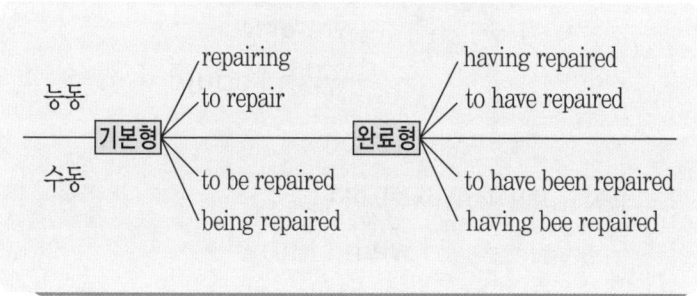

※ repair : re (다시)+pair (한 쌍; 원래 것과 고장난 것)에서
다시 원래 것이 되게 '수리하다'

이것은 능동이야? 수동이야?

to get dressed (옷을 입어? 입혀?)
to get started (시작하다? 시작되다?)
to get qualified (자격을 가지다? 자격을 갖추다?)
to get checked up (점검하다? 점검되다?)

A1 (to + 동사원형)의 〈기본형 시제〉는
문장의 서술동사의 시점과 같거나 미래를 드러낸다.

> ☐ 1 No one expected to love her.
> ☐ 2 My desire is to be loved by her.

A2 (to + 동사원형)의 〈완료형 시제〉는
문장의 서술동사보다 옛날(과거)를 의미한다.

> ☐ 1 The design seems to have influenced the building.
> ☐ 2 The building seems to have been influenced.

A3 (동사원형+ing)의 〈기본형 시제〉는
문장의 서술동사와 시점이 같다.

> ☐ 1 I hate disturbing you.
> ☐ 2 I hate being disturbed.

A4 (동사원형+ing)의 〈완료형 시제〉는
문장의 서술동사보다 옛날(과거)를 의미한다.

> ▪ 1. Having failed three times, he didn't want to try any more.
> ▪ 2. Having been written in haste, the book had many faults.

주어 뒤가 복잡해지는 까닭을 알자!

(2세대동사)가 주어일 때,
    주어 뒤가 길어지는 이유는
        (2세대동사)가 가진 〈동사성질〉 때문이다.

□ 1. **To say a person is kind** is to say that he is gentle and considerate.

To say	a person is kind	is	to say that he is gentle and considerate.
주어		동사	보어
2세대동사	목적어		

□ 2. **How to begin it** is more difficult than where to stop it.

How to begin	it	is	more difficult than where to stop it.
주어		동사	보어
v´	o´		

□ 3. **Recognizing that you need help** is the first step toward getting better.

Recognizing	that you need help	is	the first step toward getting better.
주어		동사	보어
V*	O*		

□ 4. **But sometimes, doing** what's **right** does not serve my own needs.

But sometimes, doing	what's right	doesn't serve	my own needs.
주어		동사	목적어
V*	O*		

목적어 뒤가 복잡해지는 까닭을 알자!

(2세대동사)가 목적어일 때,
목적어 뒤가 길어지는 이유는
(2세대동사)가 가진 〈동사성질〉 때문이다.

☐ 1. I began **to understand** what he really wanted.

I	began	to understand	what he really wanted.
주어	동사	목적어	
		2세대동사	목적어

■ 2. I stopped **telling** her what I thought.

I	stopped	telling	her	what I thought.
주어	동사	목적어		
		2세대동사	간접목적어	직접목적어

동사에게 물어봐?

A1 흔히 쓰이는 100여개의 동사에서
40여개는 〈동명사〉만을 목적어로 취한다.
대체로 이 동사들은
실현되었거나 실현 중이라는 의미를 갖고 있다.

stop,
 finish,
  quit,
   mind,
    deny,
     delay,
      enjoy,
       dislike,
        regret,
         practice,
          suggest

동사원형+ing

A2 흔히 쓰이는 100여개의 동사에서
40여개는 〈부정사〉만을 목적어로 취한다.
대체로 이 동사들은
미래를 지향하는 의미를 갖고 있다.

wish,
　want,
　　need,
　　　expect,
　　　　pretend,
　　　　　decide,
　　　　　　afford,
　　　　　　　agree,
　　　　　　　　choose,
　　　　　　　　　demand,
　　　　　　　　　　prepare   → (to 동사원형)

A3 흔히 쓰이는 100여개의 동사에서
20여개는 〈동명사〉와 〈부정사〉 둘 다 목적어로 취한다.
이때 〈부정사〉는 일시적인 느낌도 있지만
어느 것이 오든 의미 차이는 거의 없다.

start,
　begin,
　　like,
　　　love,
　　　　hate,
　　　　　propose,
　　　　　　continue,
　　　　　　　attempt   → (동사원형+ing 또는 to+동사원형)

기억

의미 차이가 있는 동사도 있다.

〈remember + ~ing ; 과거에 했던 일을 기억하다〉
〈remember + to 부정사 ; 앞으로 해야 할 일을 기억하다〉

〈forget + ~ing ; 과거에 했던 일을 잊어버리다〉
〈forget + to 부정사 ; 앞으로 해야 할 일을 잊어버리다〉

주격보어 뒤가 복잡해지는 까닭을 알자!

(2세대동사)가 보어일 때,
　　보어 뒤가 길어지는 이유는
　　　(2세대동사)가 가진 〈동사성질〉 때문이다.

□ 1. Parents are **to teach** children how to eat balanced diets and to brush their teeth properly.

주어	동사	서술보어	
Parents	are	to teach	children	how to eat balanced diets and to brush their teeth properly
		2세대동사	간목	직목

(to teach)가 명사역할이냐? 형용사역할이냐?

보어자리에 쓰인 (to + 동사원형)이 명사냐 형용사냐?

동격이면 〈명사〉,
서술이면 〈형용사〉이다.

To have knowledge is **to know the true and the false.**
　(지식을 가지는 것은 진실과 거짓을 아는 것이다.
　진실과 거짓을 아는 것은 지식을 가지는 것이다.
　to know의 역할은 동격으로 쓰인 명사 역할이다.

He is to make a speech tomorrow.
　(그는 내일 연설을 할 예정이다.
　to make의 역할은 서술로 쓰인 형용사 역할이다.

□ 2. The first thing I do when I travel internationally
is visit an ATM to withdraw a local currency.

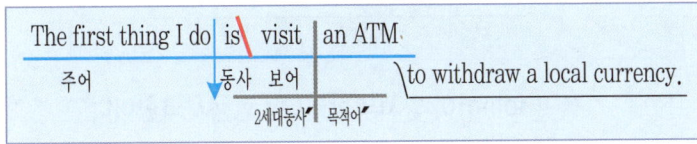

(visit)가 명사역할이냐? 형용사역할이냐?

is visit
왜? 이렇게 쓰였지?

be동사 다음
동격보어 자리에 to부정사가 오는 경우
to를 생략할 수 있다.

주로 do 동사의 활용형이 쓰여 주어의 범위를 한정 할 때이다.

All we can do is (to) resume our training.

□ 3. Work is doing what one likes to do.

Work	is	doing	what one likes to do.
주어	동사	동격보어	
		2세대동사	목적어

(doing)이 명사역할이냐? 형용사역할이냐?

보어자리에 쓰인 −ing가 명사냐 형용사냐?

 동격이면 〈명사〉,
서술이면 〈형용사〉이다.

Trade is exchanging commodities.
(무역은 물품을 교환하는 것이다.
물품을 교환하는 것이 무역이다.
 exchanging의 역할은 동격으로 쓰인 명사 역할이다.)

The horse is running and jumping.
(말이 달리고 뛰고 있다.
 running and jumping의 역할은 서술로 쓰인 형용사 역할이다.)

be동사 대신에

get, grow, become, sit, stand 이런 동사와

2세대동사를 쓰면 의미가 더 구체적으로 표현된다.

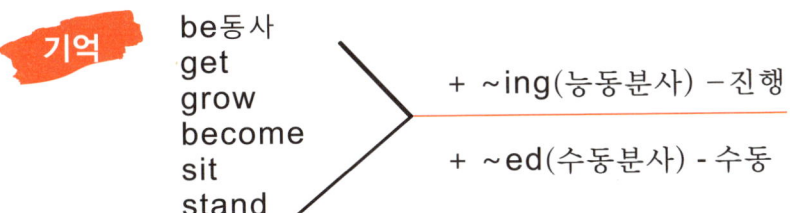

□ 4. The boy sat **reading** a weekly magazine.

The boy	sat	reading	a weekly magazine.
주어	동사	서술보어	목적어
		2세대동사	

□ 5. An elephant stood **surrounded** by the six blind men.

An elephant	stood	surrounded	
주어	동사	서술보어	by the six blind men.
		2세대동사	부사구

목적격보어 뒤가 복잡해지는 까닭을 알자!

(2세대동사가)가 목적격보어일 때,
　　목적격보어 뒤가 길어지는 이유는
　　　　(2세대동사가)가 가진 〈동사성질〉 때문이다.

□ 1. I asked him **to tell** me how the cake tasted.

I	asked	him	to tell	me	how the cake tasted.
주어	동사	목적어	보어		
			2세대동사	간접목적어	직접목적어

□ 2. Don't let other people **pressure** you to achieve impossible things.

Don't let	other people	pressure	you	to achieve	impossible things.
동사	목적어	보어			
		2세대동사	목적어	보어	
				2세대동사	목적어

☐ 3. I found myself **wondering** whether there was any money left.

I	found	myself	wondering	whether there was any money left.
주어	동사	목적어	보어 / 2세대동사	목적어

☐ 4. I saw the man **carried** to the hospital.

I	saw	the man	carried	
주어	동사	목적어	보어 / 2세대동사	to the hospital. 부사구

it이 문장에서 뜻이 없을 때는

가주어 it

영어는 〈주어+서술동사〉 계열 언어이다.
주어가 길어지면 서술동사의 결론이 흐려질 수 있다.
그래서 긴주어 대신 가주어 It을 쓴다.
결론을 빠르고 명확하게 전달하려는 것이다.

〈부정사/ 동명사/ 명사절〉 등을 it으로 받는 것은
단수로 취급하기 때문이다.

A1 다음 문장을 가주어 it으로 다시 표현하자.

1. To believe everything he said is hard.
   →

2. Just to see them happy made me feel good.
   →

3. Who will solve this problem doesn't matter.
   →

4. That one of the tourists lost his wallet happened.
   →

A2 가주어 it을 쓸 때

진주어 자리에 동명사가 쓰이는 경우도 있다.
funny (재미있는), nice (멋진), weird (기묘한), strange (이상한) 등의 감정을 표현할 때이다.
현대 영어는 주어 자리에 동명사를 더 선호하고 부정사를 덜 쓰는 경향이 있다.
그러나 진주어 자리에는 〈to 부정사〉를 선호한다.

☐ Listening to her jokes is very funny.

가목적어 it

가목적어 it은 왜 사용할까?

영어 〈동사〉는 긴 주어를 싫어한다.
영어 〈보어〉도 긴 목적어를 싫어한다.
그래서 가목적어 it을 두고,
보어 뒤에 진짜 목적어를 써 준다.

A3 다음 문장에서 진목적어를 확인해 보자.

1. She found it difficult
　　　to make both ends meet
　　　　at the end of the month.

2. We often hear it said
　　　that music is a universal language.

3. Many vegetarians find it disgusting
　　　that people raise animals
　　　　just to kill them.

2세대동사를 알면?
문장이 길어지고 짧아지는 원리를 알게 된다.

부정사의 의미상 주어는?

It ~ for ~ to

It is hard that illegal aliens could get a job.
→ It is hard ☐ illegal aliens ☐ ☐ a job.

일반적으로 동사나 형용사나 명사 뒤에 오는 접속사 that은 뜻도 없이 그저 연결만 한다.
접속사 that 대신 연결사로 for가 쓰였다.

이때 for는 to 부장사의 미래적인 방향을 나타낼 뿐 해석하지 않는다.

It ~ of ~ to

It was careless that she lost it.
→ It was careless ☐ her ☐ ☐ it.

접속사 that 대신 연결사로 of가 쓰였다.
　to 부정사의 의미상 주어는? 목적격을 쓴다.

성질을 나타내는 형용사가 있다.
kind / rude / wise / stupid / polite / cruel / careless 등
이런 형용사 뒤에는 동격의 전치사 of가 쓰인다
to 부정사의 의미상 주어의 상태를 나타내기 때문이다.
　따라서 to 부정사의 의미상 주어를 문장의 주어로 쓸 수 있다.

She was careless to lose it.

동명사의 의미상 주어는?

I am convinced that she will visit us again.
→ I am convinced ☐ her ☐ us again.

접속사 that 대신 of가 연결사로 쓰였다.
　전치사 뒤에는 명사가 온다.
　따라서 전치사 뒤에 오는 동사는 동명사를 쓴다.
동명사의 의미상 주어는? 소유격이다.
전치사 뒤에는 접속사 that은 쓰이지 않는다.
전치사도 연결어, 접속사도 연결어라서 반복하지 않는다.

that을 안쓰면 대신 어떤 전치사를 쓸까?
미리 경험해야 한다.
언어는 경험이고 반복이다.

insist on : 주장하다
　complain of : …을 불평하다
　be surprised at : …에 놀라다
　be convinced of : …을 확신하다
　be satisfied with : …에 만족하다
　be interested in : …에 흥미가 있다
　be eager for : …에 열망하다
　be discouraged in : …에 실망하다
　be aware of : …을 인식하다
　be ready for : …에 준비가 되다
　be proud of : …을 자랑하다

분사구문의 의미상 주어는?

After I finished my work, I went to bed right away.

부사절에서 1. 접속사 생략,
   2. 주어생략,
   3. 동사를 -ing로 한다.

→ ⬚Finishing⬚ my work, I went to bed right away.

1. 부사절의 축약이 분사구문이다.

따라서 〈때, 이유, 조건, 대조, 동작의 연속〉 등 문맥에 따라 의미를 이해한다.
분사구문은 주로 말보다는 글에서 더 쓰인다.
 이유는?
글을 짧게 쓸 수 있고, 읽는 사람은 문맥에 따라 의미를 추론해도 이해에 지장이 없기 때문이다.

분사구문의 의미상 주어는? 주격을 쓴다.
    단 주절의 주어와 같으면 생략한다.

2. 등위절의 축약이 분사구문이다.

I left his house about nine, and I got home about noon.
→ I left his house about nine, ⬚getting⬚ home about noon.

문장 중간에 〈 , -ing〉는
    〈and 주어 + 동사〉나,
    〈and then 주어 + 동사〉의 축약이다.
    동작의 연속 상황이나 결과를 나타낸다.

언어 & 문화

여행을 하다 보면

그곳의 언어에 더 관심을 가지게 된다.

외국어를 익히다 보면

그곳을 더 알고 싶고, 가보고 싶다.

언어와 문화는

서로 연결되어 있기 때문이다.

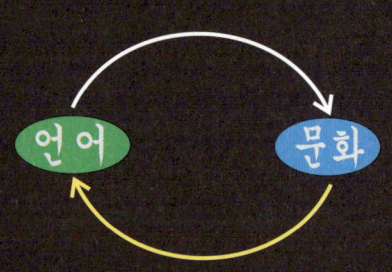

이것이 영어다.

말의 뿌리는 하나이다.

인류의 언어는 말로 시작하였다.
그들이 누구든
그들의 말에는
〈명사〉와 〈동사〉가 있었다.
지금도
문장의 주어자리에는 (명사)가 오고,
문장의 서술자리에는 (동사)가 온다.

So, we should learn nouns and verbs.

명사	동사
주어자리	서술자리

(명사)와 (동사)로 시작된 말은
(명사)에 형용사가 붙고, (동사)에 부사가 붙어

문장이 길어진다.

(명사)에 연결어가 붙고, (동사)에 연결어가 붙어

문장이 더 길어진다.

영어의 연결어는 (전치사)와 (접속사)이다.
한국어는 조사가 연결어이다.

영어 문장의 구성

"땅콩 냄새가 난다."
이 말을 영어로 표현할 때
〈주어〉는 누구일까? 〈동사〉는?

한국어는 주어 생략이 많으나
영어는 주어가 필요하다.
영어는 《주어+서술동사》 계열 언어이다.

A1 따라서 〈주어+동사〉를 생각해 내는 것이 영어식 사고이다.

땅콩 냄새가 난다.

주어는? I

나는	냄새 맡을 수 있어	땅콩을
I	can smell	the peanuts.

사과 냄새가 난다.

주어는? It

	냄새가 나요	
It	smells	

사과같은
like apple!

A2 한국어는 서술동사가 문장의 뒤쪽에 온다.
뒤쪽에 오는 동사는
'앉아, 앉아주세요, 앉아봐' 처럼
활용이 편리하다. 따라서 반말도 존대말도 있다.
그러나 영어는 문장의 동사가 앞쪽에 있다보니
동사를 활용(活用)하기가 어렵다.
따라서
동사를 활용하는 반말이나 존대어가 발달하지 않았다.
그들이 싸가지가 없어서 그런 것이 아니다.

서술동사의 위치 때문이야!

A3 말이나 글에서 두괄식은
결론이나 주제를 앞세우는 것이다.
영어권 사람들은 논리 전개를 할 때 두괄식을 선호한다.
심지어 두괄식이 아니면 좋은 글로 여기지 않는다.
영어권 사람들의 이런 언어 습관은
〈문장의 동사〉가 앞에 와서 긍정인지 부정인지
의문인지 결론적 의미를 빨리
전달하는 것에 익숙해서 생긴 것이다.

한국 사람들은
대체로 끝까지 들어봐야 결론을 알게 된다.
한국 사람들의 이런 언어 습관은
〈문장의 동사〉가 끝에 오기 때문이다.
이런 이유로 긍정인지 부정인지 의문인지
결론적 의미를 나중에 전달하는 것에 익숙하다.

A4 영어권 사람들은 명사를 이용해서 동사로 표현하는
언어적 습관이 있다.
예를 들면,
'보다'라는 look이란 동사도 있고
  take a look도 사용한다.

take a look처럼 look을 명사로 사용하면
상대에게 '한 번 봐봐' 또는 '살펴봐' 라고
더 구체적인 표현을 할 수 있다.
또한 명사가 있으면 형용사와 쓰기가 편하기 때문이다.
  take a closer look (더 자세히 살펴봐)
  take a good look (잘 봐봐)

또한 대화의 상대도 형용사와 명사로 들으면
내용이 명확해서 이해가 잘 된다는 것이다.

A5 영어 원어민들은 말을 하거나 글을 쓸 때
문장의 동사에 대체로 부사를 덧붙이는
언어 습관이 있다.

이유는?
영어 문장의 서술동사는 고정되어
서술 느낌이 딱딱하고 약하다.
  그런 이유로
동사에 부사를 덧붙이면
부드러운 서술동사의 어감을 주기 때문이다.

So, we should learn adverbs.

A6 (명사)와 (동사)로 시작된 문장에 선조들은 조사를 쓰면서 명사나 동사를 수식할 때는 〈앞쪽에서 뒤로〉 했다. 그것이 편하기 때문이다. 결국 수식을 할 때 마다 서술동사는 문장 끝으로 밀렸다. 물론 그때는 조사가 지금처럼 체계적이지 않았다.

조사(助詞)에서 助는 '도울 조', 詞는 '말씀 사' 이다.

A7 한국어 조상들은 말을 할 때 품사에 조사를 붙였다. 특히 삼국시대의 고대 무덤에서 발견된 목간을 보면 품사에 조사를 붙였다는 것을 알 수 있다.
품사에 조사를 붙이는 언어가 **교착어**이다.
품사에 조사를 붙이면 문장 어디에 있든 표현이 자유롭다.

A8 가령 (명사)에 〈은/는/이/가〉라는 조사가 붙으면 〈주어〉라고 인식한다. (명사)에 〈을/를〉이라는 조사를 붙이면 〈목적어〉라고 인식한다. (동사)에 〈~다〉라고 하면 〈서술〉이라고 인식한다.

A9 따라서 한국어는 문장의 자리가 중요하지 않다. "밥을 먹었니?" 처럼 한국어는 목적어와 서술동사만 있어도 이해할 수 있다. 영어는 주어가 필요하지만 한국어는 주어 생략이 많다.

A10 영어에서 쓰는 가주어 it을 보자.
의미도 없는 it을 왜 가주어로 쓸까?
영어는 주어가 필요하기 때문이다.
주어를 생각해 내는 것이 영어식 사고이다.

또한 명사에 수 개념을 나타내는 것도
영어식 사고이다.
명사가 단수냐 복수냐에 따라
a/an/the 관사나 복수형 명사를 쓴다.
그들이 쓰는 언어 습관에서 보면
그들이 대체로 계산적이고 산술적인 문화를
보여 주는 것이 전혀 이상할 것도 없다.

A11 세종때 한글을 제작한 이유가
우리 선조들이 쓰던 말은 한국어이고
글은 한자여서 보통 사람들이
글을 익히는 것이 어려웠기 때문이다.

그때의 한글은 한자를 쓰는 습관에 따라
세로로 쓰였다.
띄어쓰기도 없었다.
그런데 조선 말에 영어를 쓰던 사람들
특히 선교사들이 한글을 배우면서
영어를 쓰는 습관에 따라 한글을 가로로 쓰고
띄어쓰기도 하였다.
모든 언어는 그 시절의 문화와 함께 간다.

도구냐? 아니냐?
이것이 부정관사 a/an의 쓰임을 결정한다.

A1 야구는? baseball

야구공은? baseball ball
아니라오!
야구공은 야구를 할 때 사용하는 도구이다.
도구는 여럿 중에서 하나이다.
따라서 도구는 a를 써서 도구라는 것을 알려준다.
I kicked a baseball.
내가 찬 것은 뭘 찼을까?

그런데 야구는 왜 그냥 baseball이야?
야구는 스포츠 경기이름 중에 하나라서
관사 없이 써도 누구나 알거야
그래서 그냥 baseball이라고 하지
스포츠 경기에는 관사가 안 붙는다.
이렇게 암기하는 방식도 있지만 ~

영어가 모국어가 아닌 우리들은
관사를 쓰는 이유를 먼저 알자.

A2 어떻게 갈거야?
버스로
버스로는 영어로 뭐야?
by a bus
아니라오.
어떻게 가느냐는 방법이나 수단이다.
도구를 묻는 것이 아니다.
그래서 by bus
영어로 버스를 타다는?
무엇을 타냐고 묻는다면 도구를 묻는 것이니
take a bus

특정한 것이냐? 아니냐?
이것이 정관사 the의 쓰임을 결정한다.

A1 달은 **moon**이다.
  그럼 지구에서 보이는 달은?
   a moon
   아니라오.
   지구에서 보는 달은 특정한 것이다.
   특정한 것은 범위가 있다.
   범위가 있는 명사에는 the를 붙인다.
   따라서 the moon이다.

A2 피아노는 piano이다.
   그럼 '피아노를 치다'는?
   play a piano
   아니라오.
   생각해봐! 피아노는
   음악에 쓰이는 특정한 것이다.
   따라서 the를 쓰는 거야
    play the piano

  그러나 누가 피아노를 직업으로 친다면
  우리는 이렇게 말할 수 있다.
  He always plays a piano.

기억
the 발음은 자음 앞에서는 [더]로 강하게,
모음 앞에서는 [디]로 약하게 발음한다.
실제는 사람에 따라 편리한대로 발음하는 경향이 있다.

1. **명사에 부정관사 a/an은 언제 쓸까?**
   → 여럿 중에 하나인 도구를 나타낼 때 쓴다.

2. **명사에 정관사 the는왜 쓸까?**
   → 그 명사는 특정한 범위가 있다.

3. **a도 the도 없이 딸랑 명사만 왜 쓸까?**
   → 그 명사는 도구도 아니고, 범위도 없다.

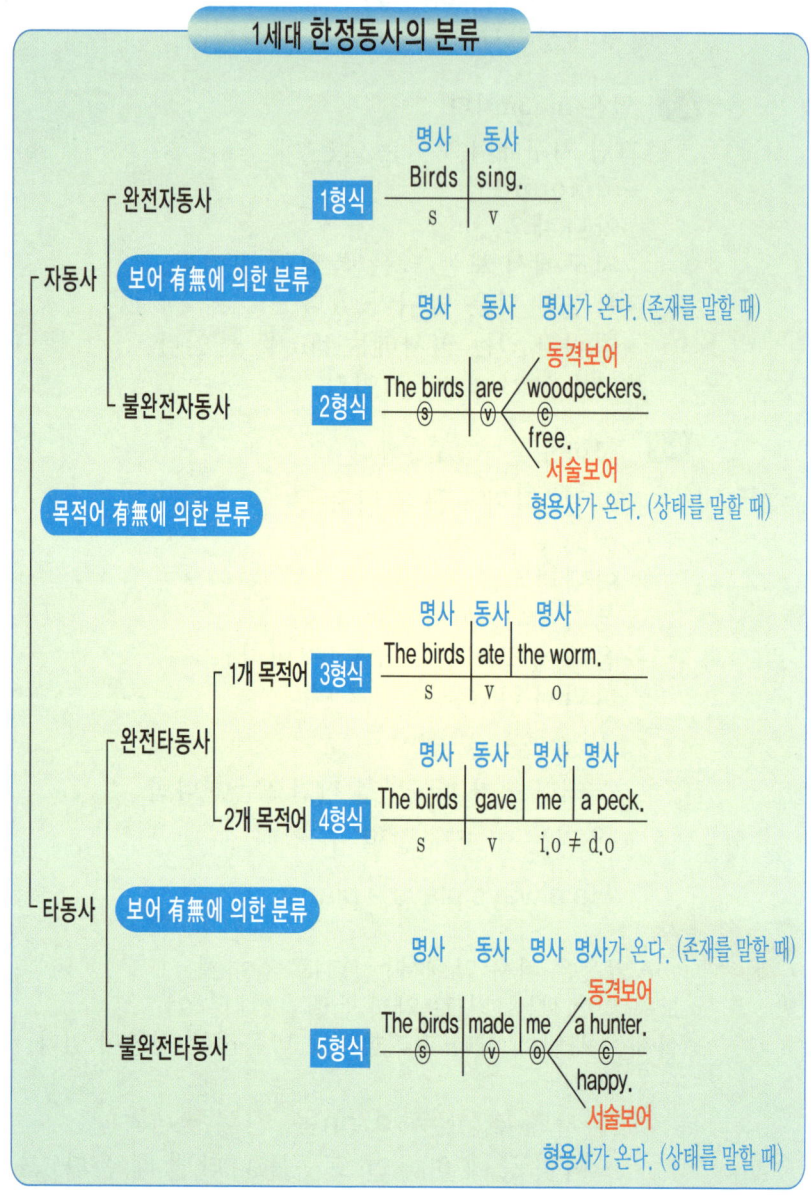

이걸 왜 알아야 해?
영어의 뼈대를 알면,
영어 초보자가 영어 독해할 때 정확도가 높아진다.

영어 학습에서 형식이 중요하냐고 묻는다?

영어를 모국어로 쓰는 사람들은 이미 문장의 자리가 감각으로 익혀져 있어 형식이 필요가 없다. 그들은 형식을 몰라도 영어 잘한다. 당연하다. 또한 영어가 모국어가 아닌 우리들도 형식을 깊게 따질 필요는 없다. 단지 영어가 모국어가 아닌 우리들에게 형식은 〈영어 문장의 자리〉를 이해하는 힘이다. 따라서 영어 문장은 대체로 이런 틀을 가지고 있다만 알아도 깨닫는 실력자가 된다. 문장 마다 몇 형식인지 따질 필요는 없다.

문장 형식은 법칙이 아니다

Mr. Walker was in the street. 이 문장은 〈주어 + 동사 + 부사구〉 이렇게 보면 1형식 문장이다. 그런데 영어가 모국어인 사람들은 대부분 be동사 뒤는 보어자리라 생각하여 in the street를 서술 보어인 (형용사구)로 본다. 그러면 2형식 문장이 된다. 이처럼 (동사)의 쓰임과 습관에 따라 같은 문장을 다른 문장의 형식으로 볼 수 있다는 것이다. **이런 이유로 문장의 형식은 법칙이 아니다.**

간접목적어와 직접목적어를 알고 가자.

A1 Give me a ticket. 에서
　　　동사 give(주다)는 두 개의 대상을 갖고 있다.

　　me와 a ticket이다.
　　　　me는 간접목적어, a ticket은 직접목적어이다.

〈주어+동사+간접목적어+직접목적어〉 자리를 가진 문장을 4형식 문장이라 한다.

4형식은 직접목적어가 강조된 내용이다.

〈교장이 나에게 상장을 수여하다〉 이런 방식으로 해석되어 4형식 동사를 흔히 **수여동사**라 한다.

A2 목적어는 영어로 object이다.
　　　object는 행위의 대상으로 〈목적어, 객체〉 뜻이다.
　　흔히 o라고 표시한다.
　　　따라서 간접목적어는 **indirect object**에서 (i.o.)이고,
　　　직접목적어는 **direct object**에서 (d.o.)이다.

간접목적어는 직접목적어 뒤로 갈 수 있다.

간목이 직목 뒤로 갈 때
간목이 강조된다.
문장의 형식도 4형식이 아닌 3형식이고, 어감도 다르다.

A3 Give me the book.
→ Give the book to me.

give,
  hand,
    bring,
      sell,
        send,
          lend,
            offer 등은 to를 쓴다.

전치사 to는 행위가 전달되는 도착 지점을 나타낸다.
'..에게' 뜻이다.

A4 He bought me the car.
→ He bought the car for me.

buy,
  find,
    play,
      cook,
        make,
          get 등은 for를 쓴다.

전치사 for는 상호 교환에 대한 가치를 나타낸다.
'..를 위해서' 뜻이다.

A5 May I ask you a favor?
→ May I ask a favor of you?

ask,
  beg는 of를 쓴다.

전치사 of는 상대에게 떨어져 나온 분리를 나타낸다.
'..에게서' 뜻이다.

✓ 영어 문장의 뼈대가 되는 것은 다음 5형제 뿐이다.
영어 문장에서 수식을 하는 것도 다음 5형제 뿐이다.

(단어),
　　(구),
　　　(절),
　　　　(to+동사원형),
　　　　　(동사원형+ing)

〈이것이 영어식 어순의 뼈대이다〉

〈주어 + 동사 + 목적어 + 보어〉는 문장의 뼈대이다.
〈주어 + 동사 + 목적어 + 보어〉는 자리 이름이다.

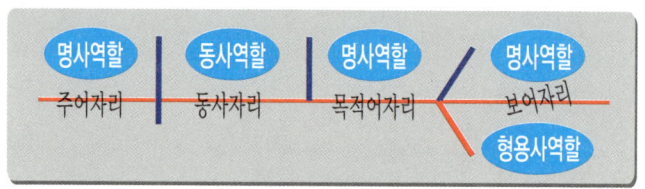

영어는 자리가 〈품사〉를 결정한다.

영어는 자리가 〈형식〉을 결정한다.

영어는 동사가 〈목적어〉를 결정한다.

영어는 동사가 〈보어〉를 결정한다.

〈이것이 영어수식이다〉

수식하는 형태를 다 기억하자.

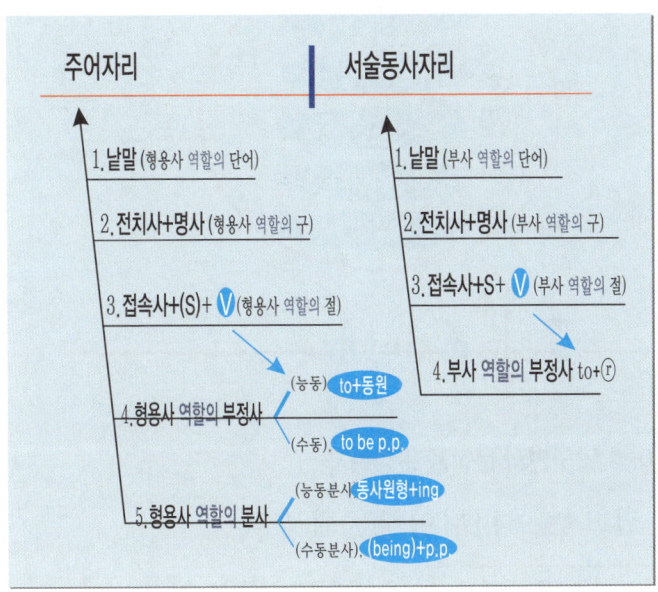

반복암송 주어나 목적어 자리에는 명사가 온다.
(명사)가 온다는 것은
(명사) 역할을 하는 것도 온다는 것이다.

(명사) 역할을 하는 형태를 다 기억하자.

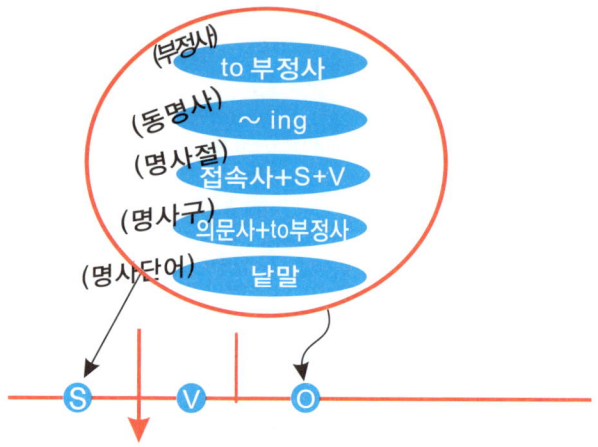

A1 주어를 말하면서 문장을 완성하자.

1. 필요는 어머니이다 / 발명의

   〔 Necessity 〕 is the mother of invention.

2. 이 계획을 언제 시작하느냐는 어려운 결정이다.

   When to start this plan 〔　〕 a difficult decision.

3. 누가 거기에 갈 것인지가 문제이다.

   Who will go there 〔　〕 a question.

4. 많은 돈을 버는 것이 인생의 목적일 수는 없다.

   Making much money can't 〔　〕 the end of life.

5. 광고 없이 사업을 하는 것은 수익이 나지 않습니다.

   To do business without advertising 〔　〕 not pay.

A2 네모에 목적어를 써서 문장을 완성하자.

1. 그녀는 잃어버렸니 / 그녀의 우산을?
   Did she lose ☐ ☐ ?

2. 너는 아니 / 이 상자를 여는 방법을?
   Do you know ☐ ☐ ☐ this box?

3. 나는 궁금했다 / 그것이 진짜일 수 있는지 아닌지
   I wondered ☐ it could be true or not.

4. 나는 기억한다 / 전에 그녀를 본 것을
   I remember ☐ ☐ before.

5. 나는 기억했다 / 오늘밤 그녀를 본다는 것을
   I remembered ☐ see ☐ tonight.

A3 직접목적어를 확인하면서 문장을 완성하자.

1. 흡연은 여러분에게 구취를 유발합니다.
   Smoking gives you bad | breath | .

2. 나의 생체 시계는 나에게 언제 자고 먹어야 하는지 알려준다.
   My bio clock tells me ☐ to sleep and eat.

3. 그녀는 내게 물었다 / 내가 수영을 할 수 있는지 / 그처럼
   She asked me ☐ I could swim as well as he.

 **보어자리에 오는 명사를 기억하자.**

(명사)가 온다는 것은
(명사) 역할을 하는 것도 온다는 것이다.
(명사) 역할을 하는 형태를 다 기억하자.

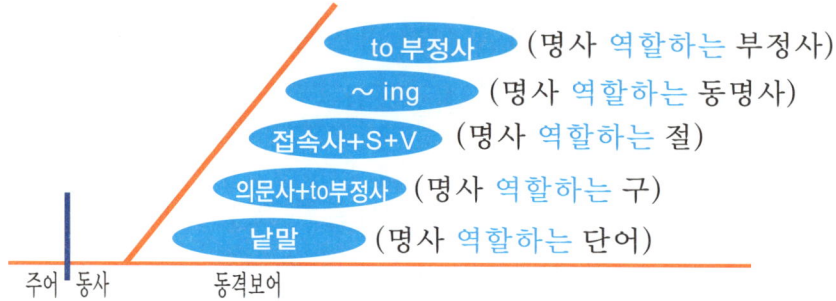

A1 네모에 적절한 말을 써서 문장을 완성하자.

1. 이것이 강입니까?
   Is this a ☐ ?

2. 내가 알고 싶은 것은 그것을 사용하는 법이다.
   What I want to know is ☐ ☐ use it.

3. 이것은 제가 요청한 것입니다.
   This is what ☐ asked for.

4. 그가 가장 좋아 했던 것은 영화보러 가는 것이었다.
   What he liked most was ☐ to the movies.

5. 나의 소원은 많은 나라를 방문하는 것이다.
   My wish is ☐ ☐ a lot of countries.

보어자리에 오는 형용사를 기억하자.

(형용사)가 온다는 것은
(형용사) 역할을 하는 것이 온다는 것이다.
(형용사) 역할을 하는 형태를 다 기억하자.

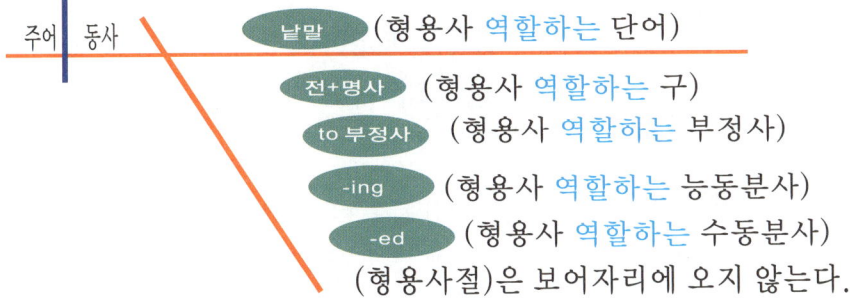

(형용사절)은 보어자리에 오지 않는다.

A1 네모에 적절한 말을 넣어 문장을 완성하자.

1. 그녀는 수줍다.
   She is shy .

2. 그들의 가죽은 매우 가치가 있다.
   Their skins **are of great**   .

3. 이 모임들은 더 지루해지고 있다 / 매주
   These meetings ☐ getting more boring every week.

4. 원주민들은 일년내내 벌거벗고 지낸다.
   The natives **go** naked all the year.

5. 그들은 이 지역에서는 흡연을 해서는 안 됩니다.
   They are not ☐   ☐   in this area.

219

목적격 보어자리에 오는 명사를 기억하자.

목적격 보어에 오는 명사 역할은 두 형태가 있다.

(명사) 역할을 하는 형태를 다 기억하자.

A1 네모에 적절한 말을 넣어 동격 보어 문장을 완성하자.

1. 그녀는 나간다 / 침대를 그대로 둔채로
   She leaves the bed as it is.

2. 나를 판단하지마 / 과거의 나로
   Don't judge me what I ☐.

목적격 보어자리에 오는 형용사를 기억하자.

(형용사)가 온다는 것은
(형용사) 역할을 하는 것이 온다는 것이다.

(형용사) 역할을 하는 형태를 다 기억하자.

(형용사절)은 보어자리에 오지 않는다.

A2 네모에 적절한 말을 넣어 서술 보어 문장을 완성하자.

1. 그녀는 느꼈다 / 자신이 예쁘다고 / 거울에 있는
   She found **herself** pretty in the mirror.

2. 우리는 여겼다 / 그의 발언을 매우 중요하게
   We considered **his remarks** of great _____.

3. 한 여성이 보았다 / 쥐가 달리는 것을 / 주방을 가로질러
   A lady saw a mouse _____ across her kitchen.

4. 갑자기 나는 들었다 / 이름이 불리는 것을 / 내 뒤에서
   Suddenly I heard **my name** _____ behind me.

5. 그들은 말했다 / 사람들이 젓가락을 사용하도록
   They told people **to** _____ chopsticks.

수식에 수식은 서술이다

A1 수식에 수식은 구구절절한 사연을 만든다.
수식에 수식은
이론적으로 몇 개가 되더라도 상관이 없다.
그러나 수식이 너무 많으면 좋은 문장이 되지 못한다.

영어가 모국어라면
〈영어 수식〉은 수식이 아닌 서술 감각이다.

A2 수식의 수식은 연결하는 것이다.
앞 말이 뒤에서 수식하는 말보다 더 핵심어이다.
앞 말과 연결하는 것은 다음 4가지 뿐이다.

1. 전치사가 있다.
   → 먼저 전치사를 꿰뚫는 감각이 필요하다.
2. 접속사가 있다.
   → 먼저 접속사를 꿰뚫는 감각이 필요하다.
3. (to 동사원형)이 있다.
   → 먼저 능동형과 수동형을 꿰뚫는 감각이 필요하다.
4. (동사원형+ing)가 있다.
   → 먼저 능동형과 수동형을 꿰뚫는 감각이 필요하다.

??
관계대명사와 관계부사도 연결어이다.
그러나 따로 구분하지 않은 것은
용사절을 이끄는 접속사로 보기 때문이다.

수식에 수식을 알면

〈듣는 순서대로, 보는 순서대로〉
내용을 연결할 수 있다.

글의 내용은 〈말하고자 하는 주제〉가 있다. 이때 글쓴이는 〈주제〉를 드러내기 위해 다양한 방법으로 접근한다. 어떤 방법을 사용하든 글의 내용은 일관성 있게 흘러야 한다. 내용이 끊어지는 것은 좋은 글이 아니다. 물 흐르듯 흘러야 한다.

이것이 영어다.

듣거나 보는 내용의 흐름에서
key words를 연결할 수 있다면
독해 감각이 뛰어나다고 할 수 있다.
예를 들면, "나는 어쩌면 ▢▢▢▢ 다.
똥과 된장도 구분 못한다고 야단을 들었다.
세상 너무 쉽게 생각한 것이다."

▢▢▢▢ 에 적절한 말은? 바보/천재
각각의 문장 앞과 뒤를 연결하면
〈나는 바보다〉라는 흐름을 추론할 수 있다.

독해할 때 앞 문장과 뒤 문장을 연결할 수 있다면
〈내가 답이다〉 외치는 답지를 보게 될 것이다.

연결할 수 있어야 한다

짧은 내용을 더 긴 내용으로 말하는 방법 중에 하나는
전치사, 접속사, (to 동사원형), (동사원형+ing)로 연결하는 것이다.
영어가 모국어가 아닌 우리들은
연결어의 쓰임을 먼저 확인하고 익혀야 한다.

1. **How do I get**
   어떻게 가요?

   ☐ **the library**
   도서관에

   from **here?**
   여기서

2. **What's the first thing**
   뭐가 처음 일이냐?

   that **we must do**
   우리가 할 일이

   ☐ **a new employee?**
   신입사원으로서

3. **Where did you go**
   어디로 갔었어?

   on **your last vacation**
   지난번 휴가는

   ☐ **your friends?**
   친구들과

듣고 보는 순서대로 이해한다

자신의 주소를 한국식과 영어식으로 써 보면
전하는 방식은 다르지만 결국 내용은 차이가 없다.
이와 같이 모든 언어는 듣고 보는 순서대로 이해한다.
단지 각자의 방식에 익숙하여 다른 방식이 어색할 뿐이다.

1. Anyone   may have the advice

     having difficulty   of our experts

         in assembling the machine

[듣고/암기] _____

_____

_____

2. Fifteen minutes   helps those

     in warm water   who suffer

         before going to bed   from sleeplessness.

[듣고/암기] _____

_____

_____

〈문장 늘려 말하기〉
연결어가 필요하다.

〈듣는 순서대로, 보는 순서대로〉 내용을 연결하자.

☐ **1.** One of the most important things you should do to improve your English (is, are) to discover your own reasons for learning the language.

[의미파악] _____

_____

_____

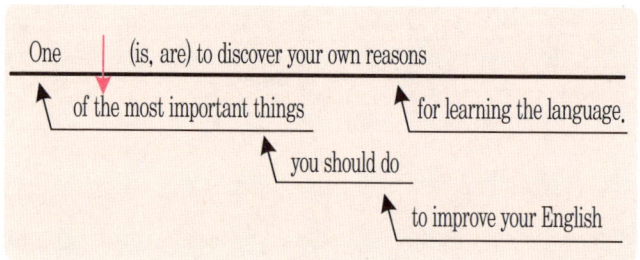

[듣고/암기] _____

_____

_____

〈문장 계속 읽어가기〉
듣기에 필요하다.

〈듣는 순서대로, 보는 순서대로〉 내용을 연결하자.

□ 2. People who are interested in different languages and cultures usually learn them better than those who aren't.

[의미파악] _____

_____

_____

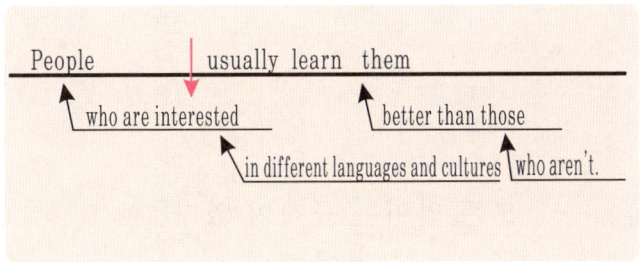

[듣고/암기] _____

_____

_____

영어 문장의 변화

1. 삽입(Parenthesis)
2. 강조(Emphasis)
3. 동격(Apposition)
4. 공통(Common Relation)
5. 생략(Ellipsis)
6. 도치(Inversion)

모든 언어는 규칙이 있다.
그럼에도
규칙에 따르지 않는 변화를 볼 수 있다.
그렇지만
규칙의 변화에도 나름의 규칙이 있다.

1. 삽입(Parenthesis)이 있다.
문장 안에서 부가적인 뜻을 갖도록
〈단어 / 구 / 절〉을 끼어 넣는 것을 말한다.

This is the book
which everybody thinks is suitable for students.

2. 강조(Emphasis)가 있다.
강조의 가장 일반적인 방법은 강조 부분을
강하게 발음하거나, 반복하는 것이다.

또한 강조를 위해 특별한 단어를 사용한다.
-강조의 조동사 do를 이용할 수 있다.
I do love you.

-It is ~ that 강조구문을 이용할 수 있다 .
특히 글에서 많이 이용한다.

It was in the early 1800s that people found a way
to make the pictures permanent.

3. 동격(Apposition)이 있다.
명사와 명사가 서로 대등하다는 것이 동격이 된다.
또한 "말하자면" 뜻으로 <for, namely,
that is (to say)> 등이 동격을 연결한다.
동격의 전치사 of도 있다.

Tom, he has studied law
with the idea of becoming a lawyer.

4. 공통(Common Relation)이 있다.

공통은 (a+b+c)x=ax+bx+cx에서 x처럼
하나의 어구가 두 개 이상의 어구에 공통으로
연결된 관계를 말한다.

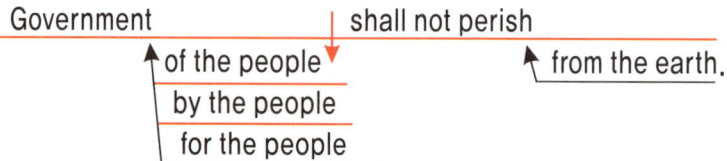

5. 생략(Ellipsis)이 있다.

문장의 전후 관계로 보아 없어도 누구나
알 수 있어 그 어구를 생략하는 것이다.
생략은 언어의 경제성이다.
특히 격언이나 관용적인 표현에서 생략이 많다.
생략이 오히려 표현의 맛이 살아나고
자연스럽기 때문이다.

When (you are) in Rome, do as Romans do.

6. 도치(Inversion)가 있다.

도치는 어순이 바뀌는 것을 말한다.
도치는 문법상 필요로,
어법상 관습적으로,
또는 이야기 하는 사람의 생각에 따라
어떤 특정한 부분을 강조하기 위해
도치를 한다.

Better than a thousand days of diligent study is one day
with a great teacher.
→ One day with a great teacher is better than a thousand days of diligent study.

참고

문장의 변화에는 규칙도 있으나
더 중요한 것은 규칙 이상의 감각이 필요하다.
감각은
　　　동화,
　　　　수필,
　　　　　신문,
　　　　　　드라마,
　　　　　　　영화
　　　　　　　　Ai와 대화 등등
　　보고 듣고 말하고 읽는 경험이 만든다.
　　　　　　골든북.kr

초심자의 영어듣기는
귀가 아닌 입으로 하는 것이다.
입으로 내뱉으면
귀는 그것을 인식하고
뇌에 전달한다.
결국 뇌의 역할로 듣기 능력 또한 좋아진다.

입에 붙지 않는 말은
가슴에 쌓여 있을 뿐이다.

이것은 따로 익혀야 한다.

이것은 따로 익혀야 한다.

기억

인류의 언어는
(명사)와 (동사)로 시작된 뿌리가 하나이다.
그런데 언어에 따라 수식하는 방식이 다르다.
그것은 연결어의 위치 때문이다.

A1 영어는 연결어가 앞에 있다.

연결어가 앞에 있으면 〈뒤쪽에서 앞으로〉 수식을 한다.
왜? 그렇게 하는 것이 편하기 때문이다.

영어 수식은 앞에 있는 말의 범위를 좁혀주는 것이다.

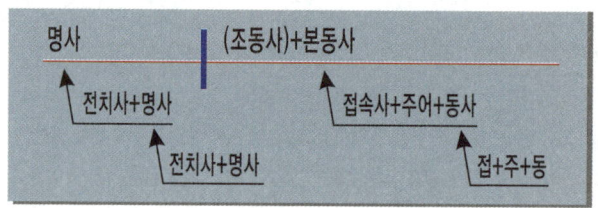

A2 한국어는 연결어가 뒤에 있다.

연결어가 뒤에 있으면 〈앞쪽에서 뒤로〉 수식을 한다.
왜? 그렇게 하는 것이 편하기 때문이다.

한국어 수식은 뒤에 오는 말의 범위를 좁혀주는 것이다.

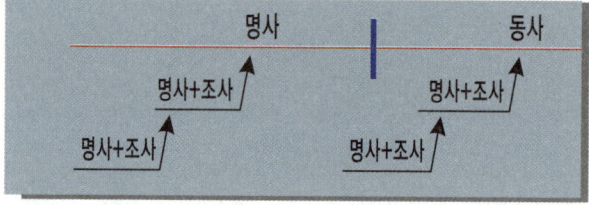

A3 영어 문장에서 여러 부사를 연달아 표현할 때 일반적인 순서가 있다.
〈장소(좁은 곳 / 넓은 곳),
　　방법(짧고 / 긴 것),
　　　　시간(짧은 시간 / 긴 시간) 방식으로 나열한다.

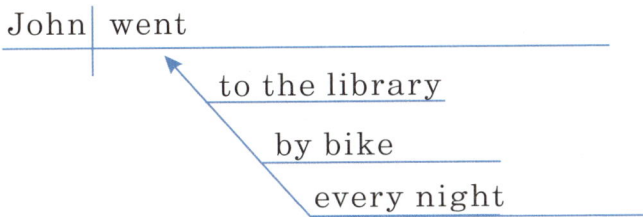

A4 영어 문장에서 짧거나 긴 것을 함께 표현할 때 일반적인 순서는 〈단어 / 구 / 절〉의 표현 방식으로 나열한다.

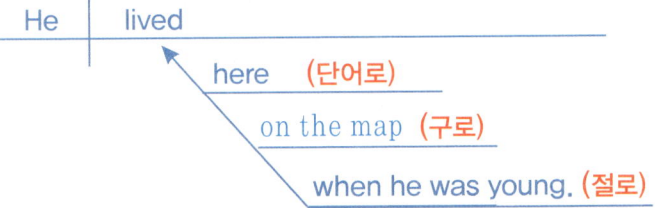

기억
이렇게 놓이는 순서가 있지만
발음의 편리성, 의미의 강조 등
여러 이유로 순서가 달라 질 수도 있다.
언어는 살아 있기 때문이다.

전치사의 연결 뜻을 다 알고 가자

A1 from은 출발점으로부터 시작을 나타낸다.
따라서 '뭐로부터, 언제부터' 뜻이다.

Can't you break away ☐ old habits?

A2 among은 물건이나 사람들 '셋 이상'에서 쓰인다.
따라서 '여럿 중'에 뜻이다.

I saw a few familiar faces ☐ the crowds.

A3 against는 상대에 맞서는 것이다.
따라서 상대에 '대항하여, 반대하여' 뜻이 나온다.

He acted ☐ my will.

A4 during은 특정한 일이 벌어지는 동안을 나타낸다.
따라서 특정한 명사가 뒤에 온다.

I try not to fall asleep ☐ the movie.

A5 beside는 대상 옆에 있는 것을 뜻한다.
be(있다), side(옆)에서 나온 말이다.

Would you care to sit ☐ me?

cf. besides는 옆에 옆이 더하여 '
덧붙여, 게다가, ..외에도' 뜻이 나왔다.

A6 below는 공간에서 기준보다 적거나 낮은 아래를
나타낸다. below의 반대 개념은 above이다.

We are selling it ☐ cost.

A7 above는 떨어져 있는 상태에서 '위에' 뜻이다.
여기서 '어떤 기준보다 이상' 뜻도 나온다.

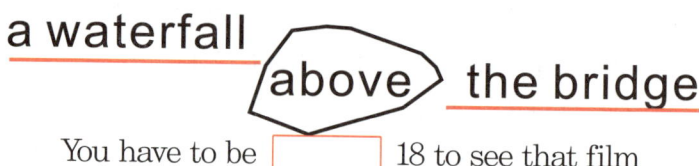

You have to be ☐ 18 to see that film.

A8 into는 안으로 들어가 다른 상황으로의 변화를 나타낸다.
다시 말해, into 뒤는 새로운 결과가 생기는 것이다.

A cold may develop ☐ all kinds of illnesses.

A9 except는 예외를 언급할 때 쓰인다.
따라서 '…제외하고, …이외의' 뜻이다.

Nobody can do this ☐ you.

A10 despite는 상반된 내용을 이끈다.
in spite of도 같은 의미를 이끈다.

☐ being poor, she never lost her self-esteem.

A11 beneath는 무언가 덮여 있는 바로 아래에
또한 바로 밑을 나타낸다.

The key is under the stone ☐ the mailbox.

A12 like는 '..와 같이, ..처럼' 비슷한 것을 나타낸다.
unlike는 like의 반대 뜻이다.

like는 대체로 동사로 쓰이지만
전치사,
접속사,
명사,
형용사,
부사로 다양한 쓰임을 한다.

Mix it ☐ this, then eat it.

전치사의 목적어란?

전치사 뒤에 오는 명사를 말한다.
물론 대명사는 목적격으로 온다.
그래서 전치사의 목적어라 한다.

전치사 뒤에는 동명사나 what절도 올 수 있다.
명사 성격이 분명하기 때문이다.

A13 along은 대상을 따라서 옆에서 함께 하거나 함께 움직이는 상태를 의미한다.

The river runs ☐ the valley.

A14 around는 주변이나 주위를 빙 둘러싸는 것이다. 여기서 '대략'이라는 뜻도 나온다.

Please sit ☐ the table.

A15 across는 '가로질러' 의미이다. 여기서 '건너편에', '전역에 걸쳐' 라는 뜻도 나온다.

I need to cut ☐ the park.

A16 between은 두 개의 사물이나 사람 사이에 쓰인다. 따라서 '뭐뭐 사이에' 뜻이다.

Can you come here ☐ 9 and 10 tonight?

A17 up은 위로 향하는 것이다. 그러나 어느 한계점에 다다르면 완전한 상태가 된 의미가 담겨있다.

He climbed ☐ a ladder.

A18 since는 과거의 출발점으로부터 계속된 시간을 나타낸다. 따라서 '..이후로, 이래로' 뜻이다.

The price has gone up ☐ last year.

A19 over는 접촉과 연속을 드러내며 넓게 덮는 것이다. '위에, 넘어, 통제' 뜻이 나온다.

It is no use crying ☐ spilt milk.

A20 behind는 대상보다 뒤에 있거나 뒤처져 있는 것을 나타낸다. 따라서 숨겨진 뜻도 여기서 나온다.

cf. behind와 상대되는 뜻을 가진 **ahead**는 부사로 쓰인다.

A21 beyond는 기준이나 한계를 훌쩍 뛰어 넘는다. '..넘어서, 건너서' 지속적으로 진행되는 뜻이 있다.

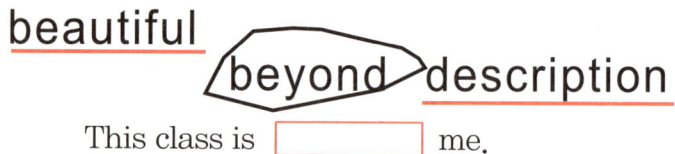

This class is ☐ me.

A22 out은 선이 있는 어떤 공간의 바깥을 나타낸다. 여기서 완전히 다하다, 끝났다는 뜻도 나온다.

Look ☐ the window.

cf. out of는 밖으로 벗어나 '..으로부터 벗어나다' 뜻이다.

A23 without은 with에 out이 결합되어 함께 하지 않는 것이다. 따라서 '..없이' 뜻이다.

We cannot get along ☐ money.

A24 down은 아래로 향하는 것이다.

또한 어느 한계점에 다다르면 멈추는 의미가 담겨있다.

The reporters took ▭ what I said.

A25 but이 전치사로 쓰일 때는 '...을 제외하고, ..을 빼고' 뜻이다.

but은 대체로 접속사로 쓰이지만

    전치사,

        접속사,

            부사,

                명사로 다양한 쓰임을 한다.

아래 문장 속 but은 어떤 품사일까?

1. But I still want it.

2. There is no rule but has exceptions.

3. All but one man drowned.

4. Much will be done if we do but try.

5. Don't give me any ifs and buts.

6. None but the brave deserves the fair.

A26 toward(s)는 방향 to와 쪽으로 ward가 결합되어, 대상에 다가가는 것이다.

The boy came running ☐ me.

A27 through는 한쪽에서 다른 쪽으로 빠져나와, 〈꿰뚫다, 거치다, 끝나다〉 뜻이 나온다.

She went ☐ a major operation two days ago.

A28 throughout은 처음부터 끝까지 전반적으로 훑어보는 상황에서 '도처에, 내내' 뜻이다.

The valley is covered with snow ☐ the year.

A29 till은 현재의 상태가 쭉 〈계속〉 이어지는 것이다. 뜻은 up to(..까지)이다. until도 till과 뜻은 같다. 단지 until은 문어체에서 더 선호한다.

Never put off ☐ tomorrow what you can do today.

A30 within은 시간, 거리, 기간 등 특정한 범위를
나타낸다. 따라서 '..이내에' 뜻이다.

Bring back this book ☐ two days.

A31 as는 실제와 동등한 자격을 나타낸다.
(as)는 equal를 내포한 단어라서 같다고
마찬가지라고, 동등한 것을 나타낼 때 쓰인다.

as가 전치사로 쓰일 때는
우리말 〈..로서, ..처럼, ..대로〉 뜻 중 하나이다.

as는 전치사,
　　접속사,
　　　대명사,
　　　　부사로 다양한 쓰임을 한다.

as a civil servant

He is as busy ☐ a bee.

전치사가 묶는 형태에 따라 여러 이름의 구가 있다.

1. 전명구가 있다.

> 전명구란? 〈전치사+명사〉 묶음이다.
> 〈전치사+명사〉라는 모양때문에
> 흔히 (전명구)라 한다.
> 〈전명구〉는 형용사 역할도 하고, 부사 역할도 하여
> 〈수식구〉라고도 한다.

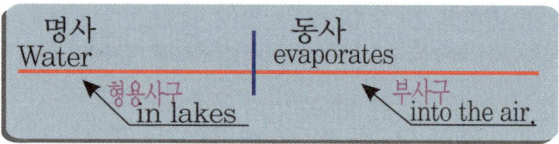

2. 전치사구가 있다.

> 전치사구란?
> in front of는 before 뜻으로 쓰인다.
> 이처럼 두 개 이상의 낱말이
> (전치사) 역할을 하는 것을 전치사구라 한다.

- We are waiting in front of the Rockerfeller Center.

✓ 전명구를 흔히 전치사구라고 하는 것은
바른 이해가 아니다.
전명구와 전치사구는 각각의 쓰임이 다르다.

3. 동사구가 있다.

> **동사구란?**
> 〈동사 + 전치사〉 또는 〈동사 + 부사〉 묶음이다.
> 〈동사구〉 또는 〈구동사〉라고도 하는
> Phrasal verbs는 당연히 동사 역할을 한다.

동사구는 동사의 뜻을 확장한다.
작동하다는 동사 work 뒤에
지속하다는 뜻이 있는 on이 왔다면
열심히 하다, 열중하다, 노력하다는 뜻이 나온다.

I'm working on it.

참고

> **전치사냐 부사냐?**
> 전치사와 부사는
> 어원적인 뿌리가 같은 것이 많다.

전치사라고 알고 있는 about, up, down, on, off, in, out, by, over 등은 부사로도 쓰인다. 이 단어들 뒤에 목적어가 있으면 전치사이고, 없으면 부사라고 한다.

    1) He put on the shirt.
      → 이때 on은 전치사이다.

2) He put the shirt on.
   → 여기서 on은 동사 put과 연결되어
   '입다'라 는 동작 뜻을 강조 하는 부사이다.
     부사가 없다면?
   강조하는 것이 없는 것이다.
   동사의 의미가 모호할 수 있다.

동사구는 왜 사용할까?

동사구를 사용하면 흔히 영어답다고 한다.
일상 대화에서 동사구를 빈번하게 사용하기 때문이다.
영어가 모국어라면 그들은 동사구를 많이 쓴다.
동사구를 쓰면 쉽고 빠르게 보다 구체적으로 전달할 수 있다.

동사구는 기본 동사 뒤에 전치사나 부사가 온다.
따라서
영어가 모국어인 그들은 일상 생활에서 사용하기가 쉽다.
그러나
영어가 모국어가 아니라면 동사구는 사용하기가 어렵다.

1. (상대에게서 딴 데로) **가다**는 동사 go 뒤에
   넓게 덮는 영역을 드러내는 over가 왔다면
   이리저리 다니다, 거듭 살피다, 검토하다는 뜻이 나온다.
   Maybe, we should go over the schedule.

- through   힘든 시기나 경험을 겪다
- along   (활동을) 계속하다, (활동이) 진행되다
- into   …에 들어가 결과가 생기는 것을 into가 나타낸다
- off   발사되다, (알람 등이) 울리다
- away   떠나 가다, 없어지다
- up   오르다, 올라가다
- in   안으로 들어가다
- over   거듭 살피다
- out   나가다, 외출하다
- down   떨어지다, 쓰러지다, 침몰하다
- for   어떤 것을 하고 싶다, 무언가를 가지다
- to   특정한 …에 가다
- on   어떤 목적이 진행되다, go on a trip (여행을 가다)
- by   …라는 이름으로 불리다, 통하다
- ahead   앞서 가다, (허락의 의미로) 그렇게 하세요.
- with   …와 함께 가다, …와 어울리다

2. 선택을 하여 가지게 되는 **동사 take 뒤에**
뒤에서 쫓아간다는 뜻을 **나타내는 after가 왔다면**
성격, 기질, 모습을 닮다 뜻이 나온다.

Who do you take after?

• off	붙어있던 것에서 떨어져 나가서 : 벗다, 이륙하다
• away	(가지고 가다, 분리시키다)
• up	(시간, 공간을) 차지하다, 다시 이어나가다
• over	물려받다, 장악하다
• after	닮다
• out	꺼내다, 가지고 나가다, 획득하다
• apart	힘을 가해서 분해하다, 해체하다
• back	원래 제자리로 가져다 놓다
• on	고용하다, 어떤일을 떠 맡다
• down	무언가를 아래로 가져오다, 받아 적다, 끌어내리다

3. 아래로 떨어지다는 **동사 drop 뒤에**
가까이 옆에를 **나타내는 by가 왔다면**
목적지를 가다가 어느 곳에 잠깐 들르다는 뜻이 나온다.

Can you drop by?

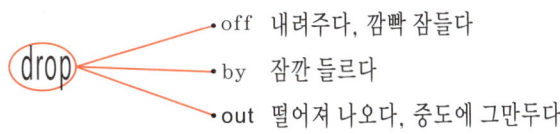

• off	내려주다, 깜빡 잠들다
• by	잠깐 들르다
• out	떨어져 나오다, 중도에 그만두다

249

4. (상대방 쪽으로) 오다는 **동사 come 뒤에** 한쪽에서 다른 쪽으로 빠져나오는 **through가 왔다면** **이동하다, 성취하다, 극복하다**는 뜻이 나온다.

Come through to the sitting room.

• up	위로 오다, 가까이 다가가다
• off	떼어내다, 지워지다
• back	다시 제자리로 돌아오다
• over	다가오다, 방문하다, 놀러 오다
• through	극복하다 (어려움을 이겨낸 긍지가 들어있다)
• out	나타나다, 밝혀지다, 새로운 것이 나오다
• apart	저절로 분리되다, 흩어지다
• down	내려가다, 가격을 내리다, 몰락하다
• across	우연히 만나다, 우연히 발견하다
• from	출신이다, …부터 오다

5. 없던 것을 새롭게 만들다는 **동사 make 뒤에** 안으로 들어가 새로운 결과를 **나타내는 into가 왔다면** **…으로 만들어진다** 뜻이 나온다.

The fruit can be made into jam.

• up	보충하다
• for	…쪽으로 나아가다, …에 도움이 되다
• over	다시 만들다, 변경하다, 양도하다
• into	…으로 만들다
• out	밖으로 드러나 :이해하다, 만들어 내다
• up for	보충해 주다, 보상해 주다

6. 이어졌던 것을 깨뜨리다는 동사 break 뒤에
어느 한계점에 다다른 뜻이 있는 up이 왔다면
끝이 나다, 이별하다는 뜻이 강조된다.
굳이 up이 없어도 동사 뜻으로 의미는 알 수 있다.

The couple broke up two years ago.

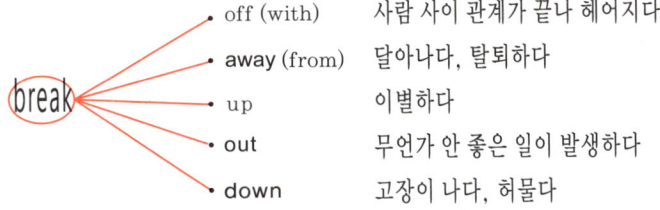

off (with)	사람 사이 관계가 끝나 헤어지다
away (from)	달아나다, 탈퇴하다
up	이별하다
out	무언가 안 좋은 일이 발생하다
down	고장이 나다, 허물다

7. 믿는다는 동사 believe 뒤에
공간, 시간, 심리의 범위를 넓다로 한정하는 in이 왔다면
능력을 믿다, 존재를 믿다는 뜻이 나온다.

Do you believe in God?

8. 부르다는 동사 call 뒤에
기존의 위치에서 벗어나다는 뜻이 있는 off가 왔다면
취소하다는 뜻이 나온다.

Do you think I should call off the meeting?

251

이것은 알아야해 ~

《타동사+부사》는 동사로 쓰인다.
《타동사+부사》는 목적어가 대명사일때
대명사는 반드시 타동사와 부사 사이에 둔다.

왜?
그 이유는 이미 내용을 아는 대명사보다
의미가 새롭게 더해지는 부사를 강조해서
발음하기가 편하기 때문이다.

 한국어를 보고 영어 문장을 만들자.

1. it put down. 내려놔.
   →

2. it back put. 다시 갖다 놔.
   →

3. it up look. 검색해 봐.
   →

4. it hand over. 이리 내놔.
   →

5. I put down that couldn't. 내려 놓을 수가 없었어요.
   →

6. it take don't out on me! 나한테 화풀이 하지 마!
   →

7. You look up it online should. 인터넷에 찾아봐.
   →

8. cut out it would you? 그만하지 못해?
   →

9. turn down it can you? 소리 좀 줄여줄래요?
   →

전치사가 겹치는 이유?

전치사에 또 다른 전치사를 붙여 이중 전치사로 쓰는 것은 전하고자 하는 의미를 더 구체적으로 전할 수 있기 때문이다.

1. He came out **from** under the table.
→ 이때 from의 목적어가 되는 것은 under the table이다.

2. **The** house is **up** for sale.
→ 이때 up의 목적어가 되는 것은 for sale이다.

전치사 뒤에는 명사가온다.
그런데 형용사가 온 문장은 뭘까?
이것은 전치사 뒤에 있던 **being**이 생략되어진 것이다.
또는 접속사 뒤에 오는 주어와 동사가 생략되어진 것이다.

1) Things went / from bad to worse.

2) I stayed in bed / till late in the morning.

3) It did not go as planned.

명사절의 연결 뜻을 다 알고 가자

명사는 〈주어, 목적어, 보어〉자리에 온다.
명사절도 그렇다.

A1 예를 들어, 접속사 that이 이끄는 (절)이
〈주어, 목적어, 보어〉 자리에 오면
(명사) 역할이다.
그래서 (명사)절이라 한다.

I | know | that the earth moves.
주어　동사　　목적어

명사절을 이끄는 것들

① 접속사 : that, whether, if

② 의문사 : who, what, which, when, where, how, why

③ 관계사 : what = the thing which (…하는 것)

잠깐

접속사는 문장을 이끈다.

따라서 접속사 뒤에는 〈주어와 동사〉가 있어야 한다.

그러나 없어도 소통에 문제가 없다면

주어와 동사를 생략하고 쓸 수 있다.

그것이 편하기 때문이다.

언어는 유연한 사고가 필요하다.

수학적 사고가 아니다.

A2 명사절을 이끄는 접속사 what의 예문을 적어 보자.

what이 이끄는 문장은
문장의 (주어)나
　　　　(목적어)나
　　　　　　(보어) 자리에 쓰인다.

명사절을 이끄는 what은 the thing that ... (,,,하는 것) 뜻이다.

1) **주어자리에 온다.**
   내가 말했던 것은 /비밀로 지켜져야 한다.
   → ☐ I said | must be kept \ secret.

2) **목적어자리에 온다.**
   그녀는 말했다 /내가 예상하고 있던 것을.
   → She | said | ☐ I was expecting.

3) **보어자리에 온다.**
   그는 아니다 /과거의 그가.
   → He | is not \ ☐ he was.

기억 명사절을 이끄는 what은

이미 그 자체로 명사적 성격이 강하다.

따라서 전치사 뒤에서 명사절로 쓰일 수 있다.

Let's talk about what we are going to do tonight.

(의문사 + to 동사원형)은 명사구로 쓰인다.

A1 (의문사 + to 동사원형)이 명사구로 쓰인다는 것은?
명사 역할을 한다는 것이다.
따라서 문장의

1) **주어자리에 온다.**
   스트레스를 줄이는 방법은 사랑하는 관계를 갖는 것이다.
   → _____ to relieve stress is \ to have loving relationships.

2) **목적어자리에 온다.**
   나한테 이래라저래라 하지 마!
   → Don't tell me _____ **to do**.

3) **보어자리에 온다.**
   문제는 점심을 어디서 먹느냐 였다.
   → The problem was \ _____ **to eat lunch**.

[명사구를 제대로 알고 가자]

A2 의문사가 이끄는 〈의문사+주어+동사〉에서 〈의문사+to 동사원형〉으로 축약한 것이 〈명사구〉이다.

She taught me
She didn't teach me
Did she teach me

- 1. what I should do
  ☞ what to do

- 2. which I should choose
  ☞ which ☐ ☐

- 3. where I should go
  ☞ where ☐ ☐

- 4. when I should meet
  ☞ when ☐ ☐

- 5. how I should climb
  ☞ how ☐ ☐

- 6. why I should go는 명사구로 축약하지 않는다.

형용사절의 연결 뜻을 다 알고 가자

(명사)를 절이 수식하면
　　(형용사절)이라 한다.

형용사절을 이끄는 것들

A1 관계대명사 who, whom, which, that은
　　<접속사와 대명사> 기능을 한 방에 한다.

**따라서 문장의 주어나 목적어나 보어가 되는
관계대명사는 불완전한 문장을 이끈다.**

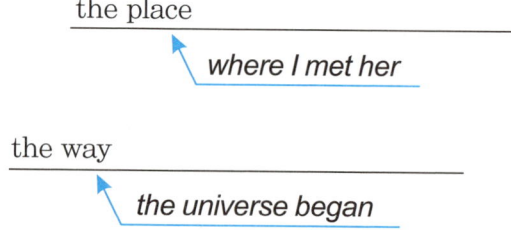

A2 관계부사 where, when, why, (how)는
　　<접속사와 부사> 기능을 한 방에 한다.
　　그러므로 관계부사는 완전한 문장을 이끈다.

　　　　the place _____
　　　　　　↖ *where I met her*

　　　　the way _____
　　　　　　↖ *the universe began*

the way가 선행사일 때는 the way만 쓰거나
관계부사 how만 쓴다.
이유는 같은 의미로 겹치기 때문이다.

명사를 던지고
  그 명사와 관계된 말을 해보자.

  1. 그 시계(the watch)

              도난당한(that was stolen)

  → 도난당한 그 시계는 찾았니?

  2. 그 소녀(the girl)

           내가 도서관에서 만났던 (whom I met at the library)

  → 내가 도서관에서 만났던 그 소녀를 아니?

궁금

왜 명사를 먼저 내뱉는 거야?

영어는 핵심어를 가장 먼저 던진다.
선행하는 핵심어는 명사로 흔히 **선행사**라 한다.
이 선행사를 이어서 형용사절이 설명한다.
이렇게 후치 수식을 하는 것은

영어는 연결어가 앞쪽에 있기 때문이다.

부사절의 연결 뜻을 다 알고 가자

부사는 수식을 하여
〈시간, 공간, 심리〉를 더욱 구체적으로 표현한다.
부사에 따라서는
        동사,
           형용사,
             부사,
                문장을 수식하기도 한다.
부사절도 그렇다.

A1 접속사가 이끄는 〈절〉이 동사를 수식하면 (부사) 역할이다. 그래서 (부사)절이라 한다.
    I | can't breathe
                    (when) I am with you.

A2 접속사가 이끄는 〈절〉이 형용사를 수식하면 (부사) 역할이다. 그래서 (부사)절이라 한다.
    I | am so happy
                    (that) I passed my exam!

부사절은 주절 앞이나 뒤에 온다.

부사절이 주절 앞에 올 때는
(,) comma를 찍는 것이 원칙이다.
콤마를 찍는 것은
  이 부분보다
더 중요한 내용이 올 것을 예고 하는 것이다.

부사절을 이끄는 것들

주어 | 동사

1) 시간과 때를 이끄는 〈접+주+동 + ~〉
when ; after ; before ; while ; since ; whenever ; until ; as soon as

2) 장소를 이끄는 〈접+주+동 + ~〉
where ; wherever

3) 이유나 원인을 이끄는 〈접+주+동 + ~〉
because ; as ; since ; now that

4) 비교를 이끄는 〈접+주+동 + ~〉
than ; as

5) 상태를 이끄는 〈접+주+동 + ~〉
as ; just as ; as if ; like

6) 제한을 이끄는 〈접+주+동 + ~〉
as far as ; so far as ; as long as

7) 조건을 이끄는 〈접+주+동 + ~〉
if ; unless ; on condition that

8) 대조를 이끄는 〈접+주+동 + ~〉
though ; although ; even if

9) 목적을 이끄는 〈접+주+동 + ~〉
so that 주어 may[can] ;

10) 결과를 이끄는 〈접+주+동 + ~〉
so + 형(부) + that + 주어 + 동사 ;
such + a + 형 + 명 + that + 주어 + 동사

이것은 따로 외워야 한다.

부사절을 이끄는 접속사를 확인하자.

A1 (when)은 어느 한 순간의 때를 나타낸다.
〈때에+s+v〉
→ I started when I was 3 years old.

cf. 진행형 뒤에 오는 when은 같은 때를 나타낸다.
and then(그리고 그때) 뜻이다.
I was standing by the pond,
when a frog came up to me.

A2 (after)는 어떤 행위를 한 후를 나타낸다.
〈후에+s+v〉 → ☐ I finish,

cf. after는 전치사로도, 부사로도 쓰인다.

A3 (before)는 어떤행위를 하기 전을 나타낸다.
〈전에+s+v〉 → ☐ I fall,

cf. before는 전치사로도, 부사로도 쓰인다.

A4 (while)은 어떤 행위를 하는 동안을 나타낸다.

〈동안+s+v〉

→ ☐ I was out.

A5 (until)은 계속된 상황이 끝나는 시점을 나타낼 때 쓰인다.

〈그때 까지+s+v〉

→ Mix it together ☐ it's creamy.

cf. by the time은

그때쯤이면 뜻으로 이미 어떤 일이 발생한다는 예측으로 쓴다.

→ We're all so hungry by the time the lunch bell rings.

A6 (where)는 어느 한 장소를 나타낼 때 쓰인다.

〈곳에+s+v〉

→ ☐ there's a will.

A7 (wherever)는 특정한 장소가 아닌
어디든지를 나타낼 때 쓰인다.
〈어디든지+s+v〉
의문사에 붙는 ever는 〈..상관없이, ..든지〉 뜻을 만든다.
→ ☐ you go,

A8 (because)는 결과의 이유를 모르는 상대에게
그 이유를 나타낼 때 쓰인다.
〈때문에+s+v〉
→ I didn't go out ☐ it was too cold,

cf. because 뒤는 접속사라 〈s+v〉가 오고,
because of 뒤는 전치사라 명사가 온다.

A9 (since)는 어떤 행위를 한 시점의 출발점을 뜻한다.
〈이후에+s+v〉
→ ☐ I came here,

또한 서로가 아는 이유의 출발점을 나타낸다.
〈상대도 아는 이유로+s+v〉
→ Since we are the same age,

A10 (if)는 어떤 일에 앞서서 내놓는 생각을 나타낼 때 쓰인다.

⟨..하면+s+v⟩

→ ☐ you don't go.

cf. if가 실현성이 있는 내용을 이끌 때는 조건이고,
if가 실현성이 없는 내용을 이끌 때는 가정이다.

A11 (unless)는 예측이 되는 조건을 부정적으로 나타낼 때 쓰인다.

⟨..않으면+s+v⟩ →

→ ☐ it rains.

A12 (than)은 비교급 비교 부사절을 이끈다.

⟨보다+s+v⟩

→ It's more fun ☐ I expected.

cf. 부사절을 이끄는 than 뒤에 명사만 남기면 품사는 전치사이다.
Blood is thicker than water.

A13 (like)는 어떤 대상과 비슷한 또는 동등한 상태를 나타낼 때 쓰인다.

⟨..같이, ..만큼+s+v⟩
→ Nobody loves you ☐ I do.

cf. as if, as though는 **like**와 같은 뜻이다.
as if, as though는 격식을 갖춘 어감이다.

실제 생활에서 대화할 때는
　　as if, as though 뜻을 가진 like를 많이 쓴다.
cf. like는

　　동사,

　　전치사,

　　접속사,

　　명사,

　　형용사,

　　부사 등 다양한 품사로 쓰인다.
그렇다면 어떤 품사로 쓰였는지 어떻게 알아?
문장을 보면 알지, 문장에서 쓰인 자리로 알 수 있는 것이다.

A14 (once)는 어떤 일에 앞서서 내놓는
때나 조건에 쓰인다.

〈일단 ..하면, ..한 이후에 +s+v〉

→ ☐ you have time.

cf. once는 접속사로도 쓰이지만 부사로 더 쓰인다.
부사로는 과거동사 앞에서 〈한때에〉 뜻을 나타내거나
〈한 번〉 뜻으로 횟수를 나타낸다.

→ Just once a day.

A15 (even if)는 주절에 대해 상반된 내용을 이끌지만,
if가 있어서 조건이나 가정을 할 때 쓰인다.

〈비록 ..일지라도+s+v〉
→ ☐ he understood it,
　　　　he **couldn't** explain it to me.

cf. even if와 even though는 각각 쓰임이 다르다.

even if는 가정에 쓰이고 even though는 가정이 아니다.

even though는 전혀 예상 밖의 상반된 내용을 이끌 때 쓰인다.

→ Even though she lied to me, we are still good friends.

A16 (though)는 내용을 대조할 때나
상반된 내용을 이끄는 양보절에 쓰인다.

even though는 though를 강조한 표현이다.
although는 though와 쓰임이 같으나 어감이 더 문어체 느낌이다.

〈비록 ..이지만+s+v〉
→ ☐ he is rich, he is unhappy.

cf. 실제 생활에서 대화할 때 〈though+주어+동사〉 구조는
격식을 갖춘 딱딱한 어감을 줄 수 있다.

그래서 어감이 부드럽게 though를 문장 끝에 붙여 많이 쓴다.
문장 끝에 붙이는 though는 부사로 〈..하지만, ..이지만〉 뜻이다.

Thanks, though. (고맙지만)

He is rich, though. (부자지만)

앞에 내용과 반대되는 의미를 이끄는
but이나 however는 접속부사로 쓰기도 한다.

잠깐!

접속사와 접속부사의 차이가 뭐죠?

접속사는 문장과 문장을 연결한다.
He is rich **but** he is unhappy.

접속 부사는
마침표(.)가 찍힌 앞 문장 다음에 대문자로 시작한다.
He is rich, But he is unhappy.

A17 (as)는 equal를 내포한 단어라서 같다고 마찬가지라고, 동등한 것을 나타낼 때 쓰인다.
as는 문맥에 따라 우리말로는 다음처럼 해석할 수 있다.

- 1 〈같은 때에+s+v〉

  → They arrived ☐ we were leaving.

- 2 〈당연한 이유 때문에+s+v〉

  → ☐ it's raining, we have to stay here.

- 3 〈동시 상황으로, 따라서+s+v〉

  → ☐ time went by, we changed.

- 4 〈마찬가지로, 처럼+s+v〉

  → Do ☐ the Romans do.

- 5 〈동일한 존재 그대로+s+be동사〉

  → I like you ☐ you are.

cf. 〈as+s+v〉가 양보절을 이끄는 경우도 있다.

- 〈형용사+as+s+v〉

  → Dark as it was (비록 어두웠지만),

  - 〈부사+as+s+v〉

    → Much as I like you,

- 〈명사(이때는 관사 안 쓴다)+as+s+v〉

  → Child as Tom is,

- 〈동사원형+as+s+may〉

  → Try as you may,

A18 (as soon as)는 어떤 행위를 동시적으로 나타낼 때 쓰인다.
〈하자마자+s+v〉

→ As soon ☐ I reached Las Vegas, I called him up.

cf. 앞에 as는 부사, 뒤에 as는 접속사로 강조 표현이다.

A19 (as long as)는 long(길이) 만큼 행위와 조건이 제한된 범위를 나타낼 때 쓰인다.
〈..동안, ..하면+s+v〉

→ You are always welcome as long ☐ you behave yourself.

cf. (as long as)와 같은 뜻이 (so long as)이다. 그러나 예측이 미리 되는 시간적인 제한에는 as long as 표현을 사용한다. (as long as)는 회화체에서, (so long as)는 문어체에서 더 쓰인다.

A20 (as far as)는 far(먼)이 있어 먼 만큼 생각의 정도가 제한된 범위를 나타낼 때 쓰인다.
〈..한, ..로는+s+v〉

→ As far ☐ I know, that movie is releasing this week.

cf. (as far as)는 (so far as)로도 쓰인다.

A21 〈so that +주어+조동사〉는 목적의 의미를 이끈다.

목적을 나타낼 때 조동사가 쓰인다.

〈..할 수 있도록〉+s+조동사 may(can)

→ Turn on the light ☐ that we can see it.

cf. 글에서 so that 앞에 comma가 있을 때에는 결과를 나타낸다.

so 다음의 that은 생략 가능하다. 회화체가 된다.

→ I was excited, so that I couldn't get to sleep.

A22 〈in order that +주어+조동사〉는 목적을 나타내며,

목적을 나타낼 때 조동사가 쓰인다.

〈..할 수 있도록〉+s+조동사 may(can)

→ Speak clearly
☐ order that they may understand you.

cf. in order that은 〈in order to 동사원형〉으로 줄여서 표현할 수 있다.

〈in order to 동사원형〉에서 in order를 생략하고 표현할 수 있다.

줄이고 생략해도 내용은 같다.

그러나 전하는 어감까지 같은 것은 아니다.

A23 (so + 형 + that + s + v)에서 so는 원인 / that은 결과를 이끈다.

so를 쓰는 것은 형용사와 공감되는 것이 같다는 것을 강조하려는 것이다.

so라는 단어가 내포한 의미는 〈같음, 동등함〉이기 때문이다.

It's so-so. (그것 그냥 그랬어)

〈대단히 (형용사)와 같아서 그 결과 .. 하다〉
→ It was ☐ cold that

A24 (so + 부 + that + s + v)에서 so는 원인 / that은 결과를 이끈다.

so를 쓰는 것은 부사와 공감되는 것이 같다는 것을 강조하려는 것이다.

〈대단히 (부사)와 같아서 그 결과 .. 하다〉
→ She walked in ☐ silently that

A25 (such + a + 형 + 명 + that + s + v)에서

such는 원인/ that은 결과를 이끈다.

such를 쓰는 것은
명사와 공감되는 것이 같다는 것을 강조하려는 것이다.
such라는 단어가 내포한 의미가 〈같은, 동등한〉이기 때문이다.

〈대단히 (명사)와 같아서 그 결과 ... 하다〉

It's ▢ a good price that

He told ▢ a strange story that

A26 (so + 형 + a + 명 + that + s + v)에서

so는 원인/ that은 결과를 이끈다.

so는 부사라서 뒤에 명사가 오려면 그 사이에 반드시 형용사가 있어야 한다.

기억

〈so + 형 + a + 명〉의 어순을 잘 기억하자.

so beautiful a place
너무나 아름다운 장소

so many students
너무나 많은 학생들

이것은 따로 외워야 한다: 붐/쓰/시/게/ 영어

주어와 동사의 수 일치
Subject and Verb Agreement

한국어는 "두 송이 꽃들" 보다는
"두 송이 꽃"이라는 표현이 더 자연스럽다.
한국어는 주로 어떤 관계나 상황에 의존하여
이미 알기에 굳이 단수 복수 구별 없이도 이해한다.

그러나 영어는 다르다.
주어가 단수이면 〈단수동사〉를,
주어가 복수이면 〈복수동사〉를 쓴다.

A1 문장의 주어를 and로 연결하면 복수 주어가 되어 복수동사를 사용한다.

1 Both you and I (were, was)
　　　　　　　　　　　late for class.

2 The poet and the diplomat (are, is)
　　　　　　　　　　　present at the party.

A2 주어가 두 개 이상이라도 한 단위로 취급되는 것은 단수동사를 쓴다.
그러나 관사가 하나이면 단수로 취급한다. 서로 불가분의 관계라서 그렇다.

1 The poet and diplomat (is, are)
　　　　　　　　　　　present at the party.

2 Trial and error (is, were)
　　　　　　　　　　　the source of our knowledge.

3 A needle and thread (was, were)
　　　　　　　　　　　found on the table.

A3 선택의 접속사 or나 nor로 연결할 때는 동사와 가까운 것에 일치시킨다.

□1 Either she or you (are, is)
　　　　　　　　　responsible for it.

□2 Neither my gloves nor my hat (goes, go)
　　　　　　　　　with this dress.

A4 한 단위의 관념을 나타내는 〈거리,중량,금액,시간〉 등은 복수형이라도 〈단수동사〉를 쓴다.

□1 Fifty dollars (is, are)
　　　　　　　　　too much to pay for that coat.

□2 One and a half miles (is, are)
　　　　　　　　　not a long distance.

A5 수량 형용사가 붙는 명사는 명사에 수일치한다.

□1 A number of books (are, is)
　　　　　　　　　missing from the library.

□2 A bunch of tourists (were, was)
　　　　　　　　　traveling with a guide.

A6 형태는 복수형 명사라도
　　　단수개념의 학문, 질병, 게임, 국가명 등은 단수 취급한다.

□1 Physics (was, were)
　　　　　　　　　not my favorite subject in my school days.

□2 Diabetes (is, are)
　　　　　　　　　caused by genes and environmental factors.

275

A7 주어를 수식하는 것은 주어의 수에 영향을 주지 않는다.

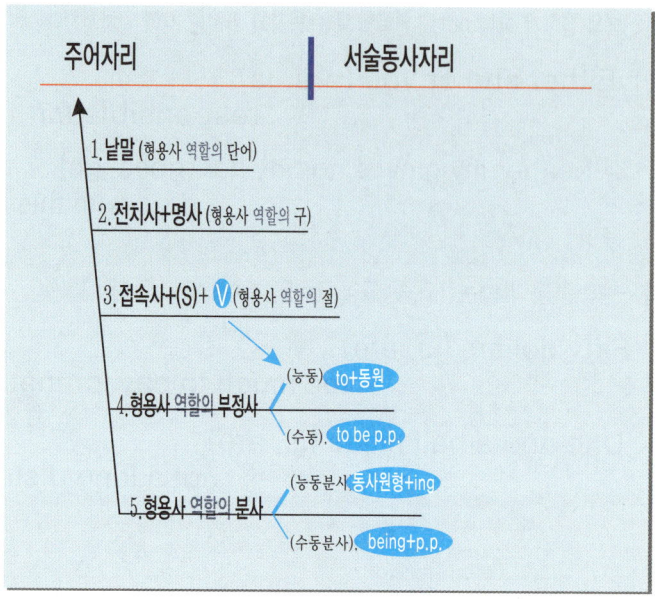

1. The surface of the planet Mars (seems, seem) to show that water flowed.

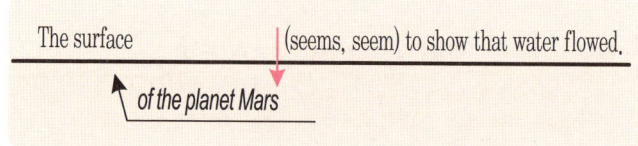

2. The use of credit cards in place of cash (has, have) increased rapidly.

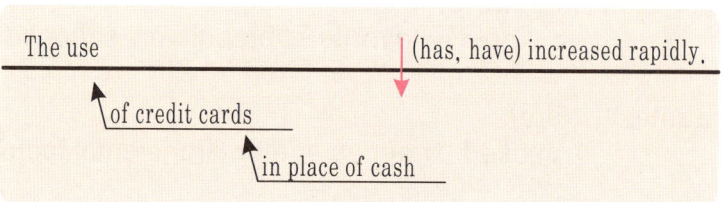

A8 그러나 부분어가 주어일 때는 of 뒤에 오는 명사에 일치시킨다.

1. One-third of the apples (are, is) rotten.

2. Most of his stories (are, is) supposed to be false.

3. Only 30% of the guesses (were, was) correct.

A9 주격 관계대명사의 동사는 〈선행사의 인칭과 수〉에 일치시킨다.

1. Everybody who (wants, want) to be a member of our club will be welcomed.

㉠1 Everybody _____ will be welcomed.
        ↘ who (wants, want) to be a member of our club

2. He is one of the greatest poets that (have, has) ever lived in England.

㉠2 He is one of the greatest poets _____
              ↘ that (have, has) ever lived in England.

부정대명사가 궁금하면?

A1 뭘 먹을까? 물음에 '아무거나 하면 아무는 부정대명사(不定代名詞)이다. 부정(不定)은 **주어진 범위에서** 정한 것이 없다는 것이다.

A2 A : Do you have a pen?
B : Yes, I have one.
이때 one은 하나가 아니다.
one은 앞에 나온 ⟨a/an + 명사⟩와 같은 종류를 나타내는 부정대명사이다.

cf. ⟨the + 명사⟩를 대신하는 it은 지시대명사이다.

A3 두 개가 있을 때 그중 하나는 one이고, 다른 하나는 the other이다.

A4 불특정한 사람이나 사물을 나타내는 영어의 부정대명사에는 one, another, some, all 등이 있다.

여러 개가 있을 때 그 중 몇몇은 some이고, 그 밖에 다른 것들은 the others이다.

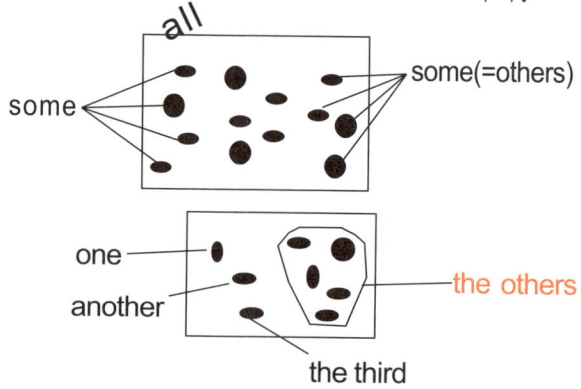

수식을 뒤에서 하는 후치수식은 뭘까?

A1 -able로 끝나는 형용사가
〈최상급 다음에 오는〉 명사나
〈every 다음에 오는〉 명사를 수식을 할 때는
명사 뒤에서 수식을 한다.
왜?
명사 의미를 강조하려고 덧붙이는 역할만 하기 때문이다.

- 1 She has the sweetest voice imaginable.
- 2 I tried every means available to achieve this end.

A2 한국어는 '행복한 우리' 라고 할 수 있다.
그러나 영어는 'happy we' 라고 할 수 없다.
왜?
영어 형용사는 대명사 앞에 놓이지 않는다.
그래서 -thing,
-body,
-one 등으로 끝나는 대명사를 수식할 때
형용사가 뒤에 놓인다.

- 1 Please give me something hot.
- 2 Is there anything good on TV tonight?

A3 enough가 명사를 수식할 때는
'충분한' 뜻으로 명사 앞에 놓인다.
그러나
형용사나 부사를 수식할 때는
형용사나 부사 뒤에 놓인다.
이때 뜻은 〈충분히, 매우〉이다.

- 1 This is not clean / enough.
- 2 She sings well / enough.

형용사도 종류가 있나요?

Are there different types of adjectives?

A1 대명사가 명사를 수식할 때 대명형용사라 한다.

대/명/형/용/사

- 1. 소유형용사 :
  인칭대명사의 소유격에서 왔다.
  my book

- 2. 지시형용사 :
  지시대명사에서 왔다.
  this book
  that school

- 3. 의문형용사 :
  의문대명사에서 왔다.
  which book,
  what school

- 4. 부정형용사 :
  부정대명사에서 왔다.
  all boys
  some things
  any reasons
  either way
  each girl
  other words

A2 수나 양으로 명사를 수식할 때
수량형용사라 한다.

수/량/형/용/사

■1. 기수: 개수를 표시한다.
one, two, three, four, ...

■2. 배수: 어떤 수만큼 거듭되는 것을 나타낸다.
〈숫자 + times〉를 쓴다.
three times

■3. 서수: 명사 앞에서 순서를 표시한다.
서수 앞에는 the를 쓴다.
the second World War
cf. World War two

■4. 부정수량형용사:
딱 정해진 것이 아닌 수나 양을 표시한다.
① 수를 표시한다.
many days (많은 날)
a few days (몇 칠)
very few friends (친구 수가 거의 없는 것)

② 양을 표시한다.
much money (많은 돈)
a little money (약간의 돈)
very little milk (우유 양이 거의 없는 것)

A3 사물의 성질, 상태 등을 나타내는 형용사를
성상형용사라 한다.

성/상/형/용/사

■1. 본래형용사 :

원래 형용사로 쓰인 것이다.
wise → a wise boy,
kind → a kind boy

■2. 물질형용사 :

물질을 나타내는 말이 형용사로 쓰인 것이다.
a gold ring
a silver spoon

■3. 고유형용사 :

고유명사에서 파생된 형용사이다.
- France → a french boy
- Korea → a korean boy
- Spain → a spanish boy
- Greece → a greek boy
- England → a british boy

✓ **여러 형용사가**
명사를 수식할 때는 명사와 밀접한 것을 가까이 둔다.

대명형용사 ＜ 수량형용사 ＜ 성상형용사 + 명사
　　my　＜　first　＜　new　＋ car

4. 전용형용사 :
　　다른 품사를 변형해서 형용사로 쓰인 것이다.

① 동사원형에 ing를 붙여 형용사로 쓰는 경우가 있다.
　　the setting sun

② 동사의 과거분사를 형용사로 쓰는 경우가 있다.
　　the retired officer

③ (to + 동사원형)을 형용사로 쓰는 경우가 있다.
　　the time to go

④ 부사가 형용사로 쓰이는 경우가 있다.
　　an off day

⑤ 명사가 형용사로 쓰이는 경우가 있다.
　　a horror movie

⑥ 명사+ed가 형용사로 쓰이는 경우가 있다.
　　a kind-hearted girl

불규칙동사 (irregular verb)

A-B-C형

규칙동사처럼 불규칙동사도 나름의 규칙이 있다.

먼저 **원형**을 기억하자.
- 원형의 모음이 변하여 **과거형**이 된다.
  - 과거형의 모음이 변하여 **과거분사형**이 된다.
    - **과거분사형**은 원형이나 과거형 끝에 대체로 n이나 en을 붙인다.

01 (가다) go – went – gone
02 (던지다) throw – threw – thrown
03 (자라다) grow – grew – grown
04 (그리다수, 당기다) draw – drew – drawn
05 (떨어지다) fall – fell – fallen
06 (오르다, 일어나다) rise – rose – risen
07 (몰다, 추진하다) drive – drove – driven
08 (타다) ride – rode – ridden
09 (쓰다) write – wrote – written
10 (먹다) eat – ate – eaten
11 (실수하다) mistake – mistook – mistaken
12 (금지하다) forbid – forbade – forbidden
13 (분투하다) strive – strove – striven
14 (흔들다) shake – shook – shaken
15 (그만두다) forsake – forsook – forsaken
16 (깨우다) wake – woke – woken
17 (잊다) forget – forgot – forgotten
18 (고르다) choose – chose – chosen
19 (얼다) freeze – froze – frozen
20 (걷다, 밟다) tread – trod – trodden

21 (훔치다) steal – stole – stolen
22 (용서하다) forgive – forgave – forgiven

23 (엮다, 짜다) weave – wove – woven
24 (날다) fly – flew – flown 2
25 (시작하다) begin – began – begun

26 (찢다) tear [tɛər] – tore – torn
27 (견디다, 낳다) bear – bore – born
28 (입다, 닳다) wear – wore – worn

29 (맹세하다, 욕을 하다) swear– swore – sworn
30 (오그라들다) shrink – shrank – shrunk

31 (고약한 냄새가 나다) stink – stank – stunk
32 (수영하다) swim – swam– swum
33 (살해하다) slay – slew – slain

A- B-A형

- 먼저 **원형**을 기억하자.
- 원형의 모음이 변하여 **과거형**이 된다.
  원형과 과거분사형이 같다.

01 [(계속)달리다] run – ran – run
02 [(가까이)오다] come – came – come
03 (...이 되다) become – became – become
04 (극복하다) overcome – overcame – overcome

A-B-B형
- 먼저 **원형**을 기억하자.
  - **과거형**과 **과거분사형**이 같다.
    과거형 – 과거분사형 끝이 주로 t나 d로 끝난다.

01 (보내다) send – sent – sent
02 (자다) sleep – slept – slept
03 (없던 것이 변화로 얻다) get – got – got/gotten
04 (빌려주다) lend – lent – lent
05 (구부리다) bend – bent – bent
06 (쏘다) shoot – shot – shot

07 (기다) creep – crept – crept
08 (다루다, 거래하다) deal – dealt – dealt
09 (청소하다) sweep – swept – swept
10 (소비하다) spend – spent – spent
11 (무릎 꿇다) kneel – knelt – knelt
12 (밝히다) light – lit (lighted) – lit (lighted)

13 (의미하다) mean – meant – meant
14 (남겨두다, 떠나다) leave – left – left
15 (눈물을 흘리다) weep – wept – wept
16 (흘리다, 쏟다) spill – spilt – spilt
17 (싸우다) fight – fought – fought
18 (붙들다) catch – caught – caught

19 (가르치다) teach – taught – taught
20 (흘리다, 쏟다) think – thought – thought
21 (발견하다) find – found – found
22 (묶다) bind – bound – bound
23 (놓다) lay – laid – laid
24 (지불하다) pay – paid – paid

25 (서다) stand – stood – stood
26 (감다) wind [waind] – wound [waund] – wound [waund]
27 (달아나다) flee – fled – fled
28 (미끄러지다) slide – slid – slid
29 (이끌다) lead – led – led

30 (먹이다) feed – fed – fed
31 (갈다) grind – ground – ground
32 (잡다) hold – held – held
33 (빛나다) shine – shone – shone
34 (이기다) win – won – won
35 (들러붙다, 유지하다) stick – stuck – stuck

36 (치다) strike – struck – struck
37 (흔들리다) swing– swung – swung
38 (걸다) hang – hung – hung
39 (뛰어오르다) spring – sprung – sprung
40 (찌르다) sting – stung – stung

41 (비틀다) wring – wrung – wrung
42 (줄을 묶다) string – strung – strung
43 (착 달라붙다) cling – clung – clung

A-A-A형
● 원형 – 과거형 – 과거분사형이 다 같다.
● 동사 끝이 주로 t나 d로 끝난다.

01 (내기하다) bet – bet – bet
02 (치다) hit – hit – hit
03 (하게하다) let – let – let
04 (놓다) put – put – put
05 (닫다) shut – shut – shut
06 (다치게 하다) hurt – hurt – hurt

07 (찌르다) thrust – thrust – thrust
08 (뱉다) spit – spit – spit
09 (갈라지다) split – split – split
10 (치다) beat – beat – beat

11 (적시다, 젖다) wet – wet – wet
12 (땀을 흘리다) sweat – sweat – sweat
13 (두다, 놓다) set – set – set
14 (폭발하다, 터뜨리다) burst – burst – burst
15 (중단하다) quit – quit – quit

16 (던지다) cast – cast – cast
17 (비용이 들다) cost – cost – cost
18 (뒤집어엎다) upset – upset – upset
19 (펼치다) spread – spread – spread
20 (흘리다) shed – shed – shed
21 (읽다) read – read [red] – read [red]

확인

접두사가 붙는 동사는
원래의 동사와 같은 활용을 한다.
그러나 언어는 살아있는 생물과 같아서
다른 변화를 하는 경우도 있다.
(환영하다)) welcome – welcomed – welcomed

불규칙동사가 아니면
다 규칙동사(regular verb) 이다.

규칙동사는 동사원형에 -d나 -ed를 붙여
과거와 과거분사로 쓴다.

원형 - 과거 - 과거분사

01 (존재다) exist - existed - ☐
02 (앉seat - seated - seated
03 (광을내다) shine - shined - shined
04 (올리다, 기르다) raise - raised - raised
05 (떨어뜨리다) drop - dropped - dropped

06 (설립하다) found - founded - founded
07 (당황하다) panic - panicked - panicked
08 (톱질하다) saw - sawed - sawed
09 (애원하다) beg - begged - begged
10 (교수형에 처하다) hang - hanged - hanged

11 (씨를 뿌리다) sow - sowed - sowed
12 (넘어 뜨리다) fell - felled - felled
13 (바느질하다) sew - sewed - sewed
14 (상처를 입히다) wound [wu:nd] - wounded - wounded
15 (의존하다) rely - relied - relied

16 (일이 발생하다) occur - occurred - occurred
17 (생략하다) omit - omitted - omitted
18 (손상하다) spoil - spoiled - spoiled
19 (거짓말하다) lie - lied - lied
20 (접다) fold - folded - folded

21 (삐다, 접지르다) sprain - sprained - sprained
22 (받다, 수령하다) receive - received - received
23 (늦어지다) delay - delayed - delayed
24 (성취하다) achieve - achieved - achieved
25 (소비하다) expend - expended - expended

26 (시작하다) start - started - started
27 (분석하다) analyze - analyzed - analyzed

Index
찾 / 아 / 보 / 기

1세대동사 144, 210
2세대동사 146, 182
be동사란? 18
that을 알자 87
-ing 만들기 74
to+동사원형 70, 148
가목적어 196
가정법 178
가주어 194
간접목적어 212
감탄사 88
강조 229
과거기본시제 62
과거분사의 쓰임 125, 126, 132
관계대명사 260
관계부사 260
관사 35, 208
고유형용사 282
공통 230
구란? 84
규칙동사 25, 289
기수 281
능동과 수동 123
능동동사 132
단어란 12
도치 230
동사구 247
대명사 16
동격 229

동명사 72
동사란 15
동사원형 22
동사원형+ing 72, 150
등위접속사 83
문법이란 31
문장의 형식 210
물질형용사 282
명령문 120
명사구 257
명사 14, 35, 42
명사복수형 36
명사절 254
목적격 보어 118
문장이란 26
문장의 변화 228
미래심리동사 66, 112
부사 50, 78
부사구 84
부사절 86, 260
부정대명사 280
부정문 38
부정사 70
부정수량형용사 281
부정형용사 280
분사란? 122
분사구문 199
불규칙동사 25, 284
비교급 규칙변화 171

Index
찾 / 아 / 보 / 기

비인칭 주어 it 40
비한정동사 146
빈도부사 81
사역동사 153
삽입 225
소유대명사 30
수동동사 137
생략 230
서술보어 117
성상형용사 282
수량형용사 281
수일치법 274
순환적 시간 110
시제란 24
시제일치란 159
알파벳 33
양보절 250
언어와 문화 200
원급 170
유사조동사 114
완료형동사 132
원형부정사 152
연결동사 49, 53
의문대명사 160
의문문 38, 76
의문부사 77
의문형용사 169
의미상 주어 197
인칭대명사 17, 28
일반동사 20

자동사 105
주격보어 116
전명구 246
전치사 54
전치사구 246
전치사의 목적어 239
접속부사란? 268
지시형용사 280
직선적 시간 110
직접목적어 216
재귀대명사 30
절이란 85
접속사 82
조동사 66
종속접속사 86
주어란? 27
지각동사 152
지시대명사 16
진행형 동사 96
축약 46
타동사 104
평서문 38
품사란? 32
후치수식형용사 279
현재기본시제 58
현재분사 122
형용사 48
형용사구 84
형용사절 86, 258

Memo for me !

월/일

Memo for me !

월 / 일

이것이 영어다

onbooks

Ai 앱을 소개합니다.

듣기와 말하기
주고 받는 경험이 필요합니다.

이제는
원어민이 아니라도
Ai가 영어 원어민을 대신할 수 있습니다.

방법을 알려드립니다.
010 8677 6448

/영어상담/
이렇게 문자만 주시면
그 다음은 저희가 연락합니다.

잠깐!
기초체력없이 기술을 연마하시겠습니까?
뿌리없는 나무는 버티기 어렵습니다.

아자! 아자!
나를 바꾸는 '힘'

국어 / 영어 / 수학
비대면 과외

재학생 · 재수생 · 검정고시생

서로 대화하며 묻고 필기하며 설명하는 1:1 능력별 강의

규/칙/적/인 **생활**과 확/실/한 **성공**
와우! 고효율 저비용이다.

EBS 교재 흡수율 100%
모의고사 확풀 100%
1등급은 내가 한다.

과외상담
010-8677-6448
어디에 살던 보면서 하는 수업

골든북.kr

基本이 없다면 實力은 없을 것이다.

뿌리가 없다면 나무는 없을 것이다.
There would be no tree if there were no roots.